项目类别：河北省教育厅高等学校社会科学研究项目—

项目名称：京津冀国家高新区科技创新政策比较研究　项目编号：SQ2023119

科技创新与创新体系建设研究

闫泽宇 ◎ 著

中国书籍出版社
China Book Press

图书在版编目（CIP）数据

科技创新与创新体系建设研究 / 闫泽宇著 . -- 北京 : 中国书籍出版社 , 2024.5

ISBN 978-7-5068-9852-2

Ⅰ . ①科… Ⅱ . ①闫… Ⅲ . ①技术革新—研究—中国 Ⅳ . ① F124.3

中国国家版本馆 CIP 数据核字 (2024) 第 083542 号

科技创新与创新体系建设研究

闫泽宇 著

图书策划 成晓春
责任编辑 李 新
封面设计 博健文化
责任印制 孙马飞 马 芝
出版发行 中国书籍出版社
地 址 北京市丰台区三路居路 97 号（邮编：100073）
电 话 （010）52257143（总编室）（010）52257140（发行部）
电子邮箱 eo@chinabp. com. cn
经 销 全国新华书店
印 刷 天津和萱印刷有限公司
开 本 710 毫米 ×1000 毫米 1/ 16
字 数 206 千字
印 张 12.25
版 次 2024 年 8 月第 1 版
印 次 2024 年 8 月第 1 次印刷
书 号 ISBN 978-7-5068-9852-2
定 价 78.00 元

前　言

创新是促进民族发展的关键要素，也是一个国家持续繁荣与发展的动力源泉。在中华民族的文化遗产中，创新精神是最为深厚的。在国际竞争激烈的现代社会，只有持续推陈出新的企业或个人才能够在竞争中获得优势和胜利。在整个人类历史长河中，我们可以发现创新一直是推动国家或民族向前进步的关键力量，同时也是全部人类社会向前进步的关键力量。

一个民族与国家的创新要素很多，不限于理论、体制、制度、人力等方面，然而科技创新是其中最为关键的。长久以来，科学技术一直是无法阻挡、不可逆转的推动力，驱使着人类社会不断向前进步。在一定程度上，科技能力决定了全球政治经济力量的演变，并且塑造了各国各民族的未来和命运。

科技创新是衡量时代发展的关键标志，是各国提升综合国力的核心因素。为了开展科技创新应用，必须拥有高素质人才，并让他们具备科技创新应用的能力，这是实现科技创新必不可少的前提与保障。在党的二十大报告中，习近平总书记强调了“创新是第一动力”“坚持创新在我国现代化建设全局中的核心地位”。我们所面临的新时代、新使命、新征程，给予了我们需要承担的全新任务。

观察发达国家的科技发展历程，我们不难发现，科技创新机制的建立从始至终均是这些国家实现经济社会发展的重要根源。所以说，我们国家在将来的发展中，必须对科技创新体系的建设进行加强。在之前的几年中，我们已经成功地规划了很多大型科学设施，并取得了大量研究成果。这些成果不仅提高了我国在国际上的影响力，还为社会、人民和经济主战场提供了有力的支持。可以说，创新是国家强盛与民族繁荣的重要因素。它不仅可以加速建设创新型国家，而且还能够为实现构建科技强、质量强、航天强、网络强、交通强、数字化中国、智慧化社会等一系列宏伟目标给予充分支持。

当我们聚焦于当前现实，能清晰地感知到新的科技革命与产业变革正蓬勃兴起，世界范围内的科技创新正处于新的发展形势和现实需求中。同时，逆全球化思潮的蔓延、贸易保护主义的兴起等特殊事件又增加了全球政治经济的不确定性；我国在高端装备等关键核心技术领域中与国际先进水平依旧存在差距，这又为我国实现高水平科技自立自强、推动国家建设增加了不确定性。在这样的背景下，关注我国科技创新实力、探索科技创新规律、启发科技强国路径，具有深远的历史意义与现实价值。

本书第一章为创新与科技创新，分别介绍了关于创新、关于科技创新、科技创新的一般原理三个方面的内容；第二章为科技创新的功能，主要介绍了四个方面的内容，依次是科技创新的经济功能、科技创新的政治功能、科技创新的文化功能、科技创新的生态功能；第三章为我国科技创新体系建设的回顾，主要介绍了三个方面的内容，依次是我国科技创新体系建设的发展历程、我国科技创新体系建设取得的成就、我国科技创新体系建设面临的主要挑战；第四章为我国科技创新体系的发展建设，依次介绍了中国科技创新体系建设之科研院所、中国科技创新体系建设之高等院校、中国科技创新体系建设之企业、中国科技创新体系现代化展望；第五章为推进以科技创新为核心的全面创新路径，主要介绍了四个方面的内容，分别是全面提升国家创新的驱动能力、全面拓展国家创新的发展空间、全面深化国家创新的体制改革、全面优化国家创新的社会环境。

在撰写本书的过程中，作者参考了大量的学术文献，得到了许多专家学者的帮助，在此表示真诚感谢。本书内容系统全面，论述条理清晰、深入浅出，但由于作者水平有限，书中难免有疏漏之处，希望广大同行及时指正。

作者

2023 年 8 月

目 录

第一章　创新与科技创新

在知识经济时代，科技创新日益受到重视，各个国家之间竞相争夺科技制高点。本章分别介绍了关于创新、关于科技创新、科技创新的一般原理三个方面的内容。

第一节　关于创新

一、创新的内涵

人类拥有创新的能力，这种能力涵盖了我们对事物的认知与实践技能，在这方面，人类的高度主动性得到了充分体现。正是这种能力不断推动民族与社会的进步。一个国家要引领时代潮流，就必须持续推进各种创新并推崇创新思维。人类社会从低级到高级、从简单到复杂、从原始到现代的进化历程，就是一个不断创新的过程。不同民族发展的速度有快有慢，发展的阶段有先有后，发展的水平有高有低，究其原因，创新能力的大小是一个主要因素。因此，正确地理解与把握创新概念及本质，是有效提升创新能力的前提和关键。一般说来，可以从经济学、管理学和社会学三个角度解释创新的含义。

（一）经济学角度的创新概念

创新的概念是什么？简而言之，创新是利用现有的自然资源或社会元素来创造新的事物或共同体，也可以理解为对现有一切事物的替代或超越。

美籍奥地利经济学家熊彼特最早在他的著作《经济发展理论》中引入了创新这一概念。在他看来，创新是指企业家对于生产要素“进行新的组合”，从而获得超额利润的过程。熊彼特将其所指的创新组合概括为以下五种形式:(1)引入新的产品或提供产品的新质量;(2)引入新的生产模式与工艺流程;(3)对新的市场进行开拓;(4)开拓并利用新的原材料或半制成品提供新的供给来源;(5)采用新的组织方法。熊彼特创立创新理论的主要目的在于对经济增长和经济周期的内在机理提供一种全新的解释，利用创新理论分析资本主义经济运行呈现“繁荣—衰退—萧条—复苏”四阶段循环的原因，说明了不同程度的创新会导致长短不等的三种经济周期，并确认创新能够引发经济增长。熊彼特对创新的定义，突出之处是强调了经济要素的有效组合，即创新应是信息、人才、物质材料与企业家才能等经济要素的有机配合，由此形成独特的协同效应。

熊彼特提到的五种创新组合能够概括为三种类型：第一类是技术创新，主要涵盖了开发新产品、转变老产品、采用新生产方式、取得新供给来源以及利用新原材料；第二类是市场创新，它涵盖了现有市场占有率的扩充与全新的市场的开拓。第三类是指组织创新，其中涵盖了改变现有的组织形式与创建新型的经营机构。熊彼特逝世后，他的追随者从多种视角对创新理论进行了分析，并发展出两个独立的分支：其一是技术创新理论，其研究重点主要集中于技术创新与市场创新。另一个研究方向是组织创新理论，其研究对象主要涉及组织变革与组织形成。

自20世纪80年代之后，我国一直在进行技术创新。对技术创新的定义清华大学深圳研究生院创新与管理研究所所长傅家骥先生这样认为：企业家借助对生产条件与要素的重新组织，寻找市场中未被发掘的盈利条件，并将商业利润获取看成目标。他们采用更加高效、低成本的生产经营模式，进一步创新产品、工艺以及服务，进军新的市场，收集原材料与半成品，并优化企业组织结构。这种综合过程涉及科技、组织、商业以及金融等多方面活动。[①]

（二）管理学角度的创新概念

在企业管理范畴中，组织创新被视作技术创新的基础，推动技术创新成为企业永续发展的根基，因此技术创新能力的提升是企业核心竞争力提升的关键。技

① 董志良．互联网+对京津冀传统行业破坏性创新研究[M]．北京：冶金工业出版社，2021：2.

术创新的管理学解释强调了“过程”与“产出”(将设想变为现实，进而推向市场)，是指从新思想产生，到研究、发展、试制、生产制造直至首次商业化的全过程，是发明、发展和商业化的聚合。在这一复杂过程中，任何一个环节的短缺，都不能形成最终的市场价值，任何一个环节的低效连接都会导致创新的滞后。

(三)社会学角度的创新概念

创新是指人们为了发展需要，运用已知的信息和条件，突破常规，发现或产生某种新颖、独特的有价值的新事物、新思想的活动。

创新的本质是突破，即突破旧的思维定式，旧的常规戒律。创新活动的核心是“新”，它或者是产品的结构、性能和外部特征的变革，或者是造型设计、内容的表现形式和手段的创造，或者是内容的丰富和完善。

社会创新是指人们对社会关系进行创新性的发展和改进。发现和创新社会关系的本质与范围，反映了人们自我解放的有意识实践。只有人们意识到自己需要解放并主动采取行动，才能产生真实意义上的社会创新，进而推动整个社会的革新。社会的变革和创新取决于生产力的解放，即劳动者的自我解放和素质的提高，以及工具的整体升级。其最终表现为所有劳动者的社会化、总体生产力的提升与劳动者作为人的存在的发展。

二、创新的类型

从本质上说，创新是一种变革，在创新过程中聚焦于技术方面的变革是永恒的主题，因此有必要了解创新的多种类型和相关特点。

(一)产品创新

产品创新是指创造新产品，以让顾客的需求得到满足或者能够让顾客问题得到解决的产品。产品创新主要分为两种类型：一种是全新产品创新，另一种是改进产品创新。全新产品创新指的是产品的功能与原理有着明显的改变。改进产品创新是指在技术原理基本不变的状况下，针对市场需求对目前市场上有的产品进行功能扩展与技术完善。全新产品创新的动力机制包含技术驱动型和需求驱动型两种。改进产品创新的动力机制一般是需求拉引型。例如，苹果公司推出的

iPhone手机、海尔推出的“环保双动力”洗衣机（“不用洗衣粉的洗衣机”）、华为推出的拥有人工智能的Mate系列智能手机等，都是产品创新的例子。

在产品创新的实践中，可采用两种主要方式，一是自主创新，二是合作创新。自主创新是企业借助本身的探索与奋进实现技术突破，而不是依赖于购买外部技术，以此完成预期目标。合作创新是指不同企业、高校以及科研单位，他们之间共同展开创新活动的行为。现阶段世界范围内的技术竞争正日益激烈，各企业在技术创新方面遇到的问题越来越难以应对，技术问题变得越来越难，需要更多的技术综合能力与协同创新。即便拥有强大技术实力的大型企业，也可能遭遇技术资源不足的挑战。因此，仅仅凭借企业自身完成技术的发展与推动是非常不容易的。合作创新通过外部资源内部化，达到共享资源与互相借鉴优势实现各自成长，帮助企业攻克技术难题、减少了创新周期、提升了竞争力。依照企业的财力与技术能力，选用与自身相适配的产品创新策略。

（二）工艺创新

工艺创新，涵盖了新工艺、新设备及新的管理和组织方法。工艺创新是指企业采取某种方式对新产品及新服务进行生产、传输，是对产品的加工过程、工艺路线以及设备所进行的创新，例如，在新型洗衣机和抗癌新药的生产过程中，对生产工艺及生产设备的调整，银行数据信息处理系统调整相关使用程序及处理程序等。工艺创新与产品创新的目的在于提高企业的社会经济效益。不过，它们的途径与实现方式各有不同。在产品创新中，重点在于改进产品的性能和效果，而在工艺创新中，则更强调改进制造过程本身。产品创新主要以物品的外在形态为主，而工艺创新则可以在劳动者、劳动设备以及生产对象的不同方面及它们之间的组合方式上进行改进。产品创新的制造者致力于为用户创造出新的产品，而工艺创新的制造者则是最初使用新技术的产品使用家。

当然，上述两种区分并不是绝对的，有时两者之间并没有清晰的边界。例如，一台新型的太阳能动力轿车既做到了产品创新，也做到了工艺创新。尤其值得注意的是，在服务领域，产品创新和工艺创新通常交织在一起。

在新的市场竞争中，企业面临着不断提高效率、质量和灵活性的要求。企业如果能够生产出别的企业生产不出的产品，或者企业能够以一种更为经济有效的方式组织生产，那么企业同样能够建立竞争优势。研究表明，企业利用外部技术能快速进入新产品市场的巨大优势来源于企业注重对新产品和新服务进行生产和传输的能力，即企业进行工艺创新的能力。创新型企业是在其所掌控的范围中不断寻求创新，以此达到成本的减少、产品品质的提升、灵活性的增强，并最终向市场提供价格、品质和功能各个方面均出色的产品。例如，日本在汽车、摩托车、造船和家用电器等领域的成功很大程度上应归功于其先进的制造能力，而先进的制造能力的来源是持续不断的工艺创新。

（三）服务创新

服务创新就是使潜在用户感受到不同于从前的崭新内容。服务创新为用户提供以前没能实现的新颖服务，这种服务在以前由于技术等限制因素是不能提供的。

服务创新是企业为了提高服务质量和创造新的市场价值而发生的服务要素变化，对服务系统进行有目的、有组织地改变的动态过程。服务创新的理论研究与技术创新密不可分，因为它们之间存在密切的关联性。服务业创新和制造业技术创新存在一定程度的不同，同时在创新策略上具有一定的独特性。

服务创新可以分为以下五种类型：

1. 服务产品创新

服务产品创新是指服务内容或者服务产品的变革。创新重点是产品的设计和生产能力。例如，在自行车车座内添加灌有凝胶的材料可以增强自行车的减震效果，而并不需要对自行车的其余结构做任何改变。

2. 服务流程创新

服务流程创新是指服务产品生产和交付流程的更新。过程创新可以划分为两类：生产过程创新，即后台创新；以及交付过程创新，即前台创新。在供应商和顾客的关系比较密切的服务企业，顾客需要参与到服务过程中，服务产品由供应商和顾客共同完成，所以在这些企业中，是很难区分产品创新和过程创新的。

3. 服务管理创新

服务管理创新是指服务组织形式或服务管理的新模式。例如，服务企业导入全面质量管理（TQM）、海底捞火锅对员工独特的管理创新等。

4. 服务技术创新

服务技术创新是指支撑所提供服务的技术手段方面的创新，如支付宝推出的“刷脸支付”、智能手机的指纹识别服务、电影院推出的网上自助订票选座服务等。

5. 服务模式创新

服务模式创新指的是服务型企业在提供服务方面的商业模式创新。例如，初创公司针对传统的洗车店洗车推出上门洗车服务、推拿店推出上门推拿服务等。

（四）商业模式创新

美国现代管理学之父彼得·德鲁克曾经说过：“当今企业之间的竞争，不是产品之间的竞争，而是商业模式之间的竞争。”①

商业模式创新指的是整改现阶段行业使用较多的能够为客户制造价值方式的做法，从而与客户持续变化的新需求相匹配，给予更多的价值给客户，同时让企业的市场得到扩展，让更多新型客户群体参与进来。比如：书店决定利用互联网来销售书籍，即开通网上书店。与传统书店相比，亚马逊（Amazon）和当当网就是一种商业模式创新。

商业模式的定义是什么呢？关于定义的解释多种多样，现阶段中在管理学界被广泛流传的为《厘清商业模式：这个概念的起源、现状和未来》书中瑞士作家奥斯特瓦德（Alexander Osterwalder）、比利时教授皮尼厄（Yues Pigneur）等人提到的定义：“商业模式是一种包含了一系列要素及其关系的概念性工具，用以阐明某个特定实体的商业逻辑。它描述了公司能为客户提供的价值以及公司的内部结构、合作伙伴网络和关系资本等用以实现（创造、营销和交付）这一价值并产生可持续、可营利性收入的要素。”

以上概述阐述了商业模式所具备的特点，它揭示了一个公司用以创造与销售价值的关系与要素，总共分为 9 个内容。要评估一个企业的商业模式合适与否，能够借助此 9 个内容进行评判。

---

① 张瑜，范晓慧，金莹．大学生创新创业教育理论与实践研究 [M]．北京：中国书籍出版社，2022：244.

（1）价值主张：公司借助产品与服务向消费者给予的价值。

（2）消费者目标群体：公司目标定位的客户群体。他们具备相同的特征性，借助此特征性能够为公司制造经济利益。

（3）分销渠道：公司同客户群体进行接触的多样渠道。

（4）客户关系：公司和其客户之间构建的一种关系，这就是客户关系管理所涉及的内容。

（5）价值配置：资源和活动的配置。

（6）核心能力：公司展现其商业模式过程中应该具备的能力与资质。

（7）合作伙伴网络：公司之间建立的合作关系网络，旨在给予有效价值，达到商业化，这也是商业联盟的范畴所在。

（8）成本结构：工具和方法的货币化表达。

（9）收入模型：企业借助多种收入来源去制造财富的措施。

所以，商业模式创新是将新的商业模式引入社会的生产体系，并为客户和自身创造价值。通俗地说，商业模式创新就是指企业以新的有效方式赚钱。新引入的商业模式，既可能在构成要素方面不同于已有的商业模式，也可能在不同要素间关系或者动力机制方面不同于已有的商业模式。

第二节　关于科技创新

在一个以知识为主导的社会环境下，科技创新涉及三个方面：知识创新、技术创新以及现代科技引导的管理创新。知识创新的核心科学研究的重点在于创造新的思维方式与基本原则，从而衍生出新的理论和思想范畴。这些创新直接促进了人类对世界的认识与改造，并提供了新的观念和方法。科学技术的创新与应用价值的实现是技术创新的核心，这导致科学技术进步同应用创新之间产生良性互动，推动了社会生产力的发展进程，并推动社会经济的进步。管理创新涉及两个方面：一个是宏观视角的创新，主要涵盖了社会政治、管理制度以及经济方面的创新；另一个是微观视角的创新，主要借助科技引领进行管理变革。通过管理创新，能够有效地调动员工的主动性与创造热情，推动社会资源的合理配置，进而促进社会的发展。

2021年3月5日，国务院总理李克强在政府工作报告中提出："依靠创新推动实体经济高质量发展，培育壮大新动能。促进科技创新与实体经济深度融合，更好发挥创新驱动发展作用。"① 报告从提升科技创新能力、运用市场化机制激励企业创新、优化和稳定产业链供应链这三个方面对科技创新工作作出部署安排。

在前进的路程中，倘若遇到挑战，我们应该注重抓住时机与趋势，确保发展的稳定与可持续性，并着重强调创新作为发展的基础。只有坚持视创新为主要推动力量，才可以促进我国高水平发展，从而在国际竞争中更具优势。

从"创新是引领发展的第一动力"到"坚持创新在我国现代化建设全局中的核心地位"，可以看出，科技创新在我国经济社会发展中的作用愈发凸显、地位更加重要。正是因为对科技创新的重视，创新型国家建设才取得了丰硕成果。"天眼"问世、"九章"诞生、"蛟龙"入海、"嫦娥五号"奔月采样、"天问一号"探测火星、"奋斗者"号万米深潜等一系列骄人成果向世人展示着我国日益增强的科技创新能力。

科技创新指的是探索与应用新知识与技术，使用新的经营管理方式，创造和应用新工艺，以及发展新产品与服务，以让产品质量得到提升，从而创造更多的经济价值。科技创新能够归为三种类别，分别是知识创新、技术创新和现代科技引领的管理创新。

一、知识创新、技术创新与管理创新

（一）知识创新、技术创新与管理创新的定义

知识创新指的是在科学研究的过程中，通过进行基础研究与应用研究，获取全新的科技知识与基础科学知识。知识创新的目标在于寻求新的发现，探索全新的规律，创造出新的理论，提供新的方法，总结全新的知识。技术创新的根基在

① 中华人民共和国政府．李克强在政府工作报告中提出，依靠创新推动实体经济高质量发展，培育壮大新动能 [EB/OL].（2021-03-05）[2023-07-10]．https：//www.gov.cn/xinwen/2021-03/05/content_5590455.htm？ gov.

知识创新，它是诞生新技术和发明的基础，能够推动科技的进步，带动经济效益的提升。知识创新带来了新的理论与方法，推动我们对世界的认知与改变，为人类文明与社会的发展提供持续动力。

技术创新属于市场经济中的产物，是经济领域的概念，涉及对新技术（涵盖了新产品与新工艺）进行研究、开发、规模生产，并将其商业化应用的经济技术活动。其主要能够分为两种类型：产品创新和工艺创新，此外，它还包括管理方式和手段的变化。简单来说，技术创新是通过运用新技术，创造出新的商业价值的一种活动，即首次将新技术用于商业化的应用。技术创新的三个显著特征为：第一，侧重验证创新成功与失败的指标为产品的市场实现情况与产品所取得的经济效益；第二，侧重由新技术的开发与研究到商业化的第一次应用属于一个完整的系统；第三，在技术创新中强调企业发挥了主导作用。在科技与经济的持续发展进程中，技术创新扮演着举足轻重的角色。要将科学技术作为主要的经济增长推动力，需要将它从知识形态转换成物质形态，将潜在的生产能力向实际的生产力进行转变，并且这个转变的关键就在于技术创新。达到经济与技术的融合是技术创新的体现，所以说，技术创新是技术进步的中心。

管理创新是指企业把新的管理要素（如新的管理方法、新的管理手段、新的管理模式等）或要素组合引入企业管理系统中，以更有效地实现组织目标的活动。

（二）知识创新、技术创新与管理创新的关系

科学研究与知识创新要具备独创性，即创造性地提出新的观点、定义、理论、模式、问题以及假设。这些研究活动需要开辟全新的范畴，并以新的角度对已知的事物再次进行认知。把原创性知识创新同技术创新进行整合，能够完备与丰富人们的知识系统，进而提高我们的认知能力，不断更新产品的品质。管理创新是在信息通信技术发展的引领下涌现的，其作为当前知识社会科技创新的关键构成要素，同样是新知识、新艺术的体现。它集成了电子信息或新概念、新思想、新理论、新方法、新发现和新假设等元素。

科技创新过程中会涉及很多主体，其中包含政府、科研院所、国际组织等，同时也涵盖了很多要素，其中有人才、知识产权、资金等，是不同的创新主体与创新要素彼此整合呈现出来的成果，属于复杂性与开放性共存的一种庞大体系。

以技术创新的双重螺旋结构为基础，我们可以深入探讨技术创新的本质。技术创新的动力源自科学方面的探究和知识上的创新，同时也得益于专业人员和民众的积极参与，这样的观点可以给我们带来更广阔的视角。

现代科技的不断进步和经济全球化的加深，不断促进着管理创新。这种创新不仅涵盖了制度方面的创新，还涉及微观管理层方面的创新。在当今时代中，管理创新已成为主要的创新方向，其中现代科技在推动和促进管理创新方面扮演着至关重要的角色，并已成为科技创新体系中不可或缺的一环。

钱学森开放的复杂巨系统理论中对知识、技术和信息化的作用非常注重，尤其注重知识管理与知识集成的重要作用。在当今的知识社会环境中，科技创新的体系会使用到开放的复杂巨系统理论，以促进科学研究、应用创新以及技术进步的协同互动。此外，我们还需要深入思考并探讨，在现代科技背景下的管理与制度创新。科技创新是由科学研究、技术进步和应用创新三者共同推动，交织发展而成的复杂现象。它是这三者相互作用、协同创造的产物。创新体系包括三个主要体系：知识创新、技术创新和管理创新。这三个体系彼此影响、彼此支持，因而在现代知识社会中与科学研究、技术开发、管理和制度创新相互作用，构成了创新 2.0 的新形态。这种形态以科学 2.0、技术 2.0 和管理 2.0 为特征，借助现代科技不断推动着创新的发展。

知识创新、技术创新、现代科技引领的管理创新之间的协同互动共同演化形成了科技创新。

技术创新、知识创新以及管理创新三者之间彼此促进。技术创新与管理创新的文化基础是知识创新，它需要新的理论学说与新的公理体系的支持。如果没有这些支持，就难以在技术上和制度上实现创新。知识创新与管理创新的实现，依赖于技术创新所提供的物质支持。在管理创新的推动下，知识和技术创新都能够在适宜的宏观与微观空间中得以展现。在社会发展与国家进步中，三者均占据着重要位置，它们是社会进步的主要推动力。

二、科技创新与创新环境

自党的十八大之后，党中央特别强调了创新对国家发展的重要性，积极采取创新驱动发展战略。按照目前全球的发展进程来看，要想成为世界科技强国，就一定强调科技创新，并不断构建良好的创新环境。

（一）科技创新及其重要性

从国内观察来说，城镇化、农业现代化、新型工业化以及信息化持续发展，这使得我们具备了保有相对长久的中高速增长的基础，便于将经济下行与结构调整上的压力变成推动经济增长的动力。就科技创新的基础性来说，我们国家的科技创新已经处于全新的发展时期，在科技领域中已经有了非常大的成就，已经成功从过去跟随状态转变为与其他国家共同竞争，甚至在某些区域中领先的状态。据 2020 年的《中国科技人力资源发展研究报告》，我国科技领域的人力资源主要集中在中青年人群中，其中小于 39 岁的年轻人占 75%，这反映出科技领域呈现出明显的年轻化趋势。依照报告能够看出，到 2020 年底，我们国家中已经拥有 11234.1 万名科技人才，在全球的科技人才储备中保持领先地位。我国在论文出版和专利申请方面，同样一直处于全球领先地位。[①]

现今时代，一个国家的实力与科技创新能力密不可分。随着全球经济一体化的进程加快，倘若国家可以具备卓越的科技创新实力，将处于产业链条上游，创立新兴产业并且能够带动本国经济，同时拥有独立的知识产权，进一步推动社会进步。综合而言，当今社会的活力和国家的发展都取决于科技创新能力的水平。因此，提升这一能力已经成为至关重要的制胜策略，能够为广泛的行业和领域带来良好的效果。

形成科技创新能力需要营造适宜的发展空间，这是一个渐进过程。只要我们有意识、有远见地营造促进科技创新的空间，就可以唤起社会的科技创新潜力，加快科技创新成果转化为产业运用的速度。

为了在竞争中占据主动，各国政府普遍认为需要借助科技创新将自己国家的

① 中华人民共和国政府．中国科协：我国科技人力资源年轻化特点和趋势明显 [EB/OL].（2023-06-25）[2023-07-10]. https：//www.gov.cn/xinwen/2022-06/25/content_5697764.htm.

竞争水平与综合国力进行提升，构建完善的国家创新体系，走创新驱动型国家发展道路。现今世界上具有创新能力的国家都以科技自主创新为主要策略，与别的国家进行比较，其创新综合水平明显更高。这些国家的科技进步的贡献率普遍超过 70%，且对外技术的依存度不到 30%（而我们国家高达 50% 以上）。所以说，一个国家的创新能力是通过科技自主创新进行彰显的，要想使经济建设得到发展、社会得到进步，只能提升自身国家的自主创新能力。现阶段，知识经济时代正在兴起，经济全球化趋势加快，国际竞争也变得更加激烈。

（二）优化创新环境

需要认识到的是，我们国家的科技创新水平正在从落后于发达国家转向与其并驾齐驱，国际竞争也肯定会变得越发激烈。成为创新型国家和世界科技强国的重中之重就是，建立一个全球顶尖的创新创业生态系统，并激励多种人才充分发挥他们的创新潜力。这个生态系统是由企业、高校、科研机构以及科技社会组织共同构成的一个国家创新系统，它们之间需要紧密互动。

创新环境是国家创新力的重要组成部分，包括完备的政策体系、有效的体制机制、彰显创新精神的文化氛围等软性因素，以上与研发成本、基础设施的打造具有一样的关键作用。把创新环境进行完善与优化，已经成为工作中的一个重心。

想要对创新空间进行改善，其主要重心为改革科技管理体制，同时应该注重“松绑”“放权”“包容”“激励”四个重要内容。

“松绑”意味着科研工作人员受到科研机构的行政限制较少，让他们有更多的时间投入到科学研究中，以专注、安心以及专业的态度专心于研究。

“放权”，指的是把更多的科研管理权限下放，在科研层次上增强自主权，调动科研工作者与研究性组织的创新热情。我们需要对经费拨付模式进行整改，使得更多的科研机构可以得到稳定的经济支持，并逐步减少对竞争性项目的依赖。这将有助于我们建设具有国际竞争力的科研机构。

“包容”意味着构建一个更加宽容的空间，支持科技工作人员自由发挥独特优势，支持他们在创新过程中勇于探索不怕犯错，而且在学术观点层面上允许出现不一样的看法，甚至非传统的“异端学说”。

“激励”是为了使科技工作人员实现名利双丰收，并彰显知识价值的分配原则。我们需要建立一个科研开发体系，这个体系的骨干应该是国家重点科研基地，技术创新主体应该是企业，生力军应该是探索性研究，体系的纽带应该是相互竞争和协作的机制。

建立科学的科技投资与政策体系，既同创新的规律性与市场经济发展的规律性相符合，又能够实现财政资金与社会资本的有机结合，同时稳定投入和竞争支持相辅相成，绩效与投入挂钩。建立完善的产业链条，促进产学研深度融合，力保知识产权权益，促使创新转化步伐顺畅。引入第三方评估与以增加知识价值为导向的分配政策等创新机制，以促进科技成果的转化。加强培养创新型人才，并完善引进与利用体系，借助激励措施引进优秀海外人才，以为国家创造价值。

（三）要营造崇尚创新的文化环境

营造崇尚创新的文化环境，我们需要将创新作为“中国精神”的关键组成部分与全国人民意识的一部分。让创新思维融入民族精神的内核，变为全民皆知与了解的内容，并积极参与其中、为之奋斗的全民自觉行动，这种文化思想意识的普遍形成至关重要。一个民族或者国家，倘若在科技、经济、社会和文化等领域中仅仅是效仿其他民族或国家的治理模式，是不可能得到长久发展的，同时也无法成为引领者。所以，创新成了我们的重要发展战略之一，这就是从国家的层面上，将创新确定为我们的重要民族精神之内涵。我们需要特别强调宣传那些创新者的故事，强调他们为国家作出的贡献、克服困难的勇气。让这些创新者在国家创新发展中发挥优秀榜样的影响力，并借助这种榜样力量，培养创新文化意识。让创新成为民族精神中最富有生机和动力的来源。

构建推崇创新的文化氛围，推广“百家争鸣、百花齐放”的理念。所谓的“双百”方针，在文学艺术创作范畴中，其核心理念和特点涉及科技、经济、社会等所有创造性发展的领域。我们要以民族文化为根基，以中国道路为荣，并坚持改革开放，吸取世界文化的先进经验，真正尊重科学工作者的个性化学术创造；要充分理解并保护那些敢于挑战、领先、发问的创新者，让他们有勇气提出新想法、尝试新方法，勇于实践，从而营造一个包容的创新氛围。在这样一个让每个人都能充分发挥想象力与行动力的社会空间中，创新的动力才可以达到其“峰值”，创新文化的空间才可以表现得更加开放，创新者的才华和能力方能得以最大限度的释放，创新人员的天赋和能力才可以得到最大程度的发挥，并无限地接近创新成功的目标。

创造一个文化氛围，并且鼓励创新，大家也均同意接受“试错”的态度。创新者需要经历许多困难与挑战，进行持续的尝试和协作，同时也需要有整个社会的大力支持，才能最终实现每一项创新。因此，创新并不可能一下就完成。所以，在追求创新的过程中，犯错误与失败是不可避免的，“成功是失败之母”。整个社会应该对创新持有宽容的态度，应该多加鼓励，这样才可以让创新者感到安心，并从多次不成功背后找到成功的契机。所以，我们应该推崇探索价值的内涵，一起建造支持创新、容忍错误的容错纠错机制。

营造崇尚创新的文化环境，要让诚信建设成为创新驱动的重要保障。科技创新领域的诚信环境极为重要，如果缺少了学术诚信，抄袭等“走捷径”的行为就会屡屡发生，这不仅无法实现创新的萌发，而且会破坏与扰乱创新发展的良好氛围。因此，积极引导创新者恪守职业道德、坚守社会责任，让诚信成为创新的重要保障，这将会有力地保护真正的创新者更好地前行，让创新之路不至于在复制、抄袭的“山寨”化中走上“断头路”。所以说，对创新者的职业道德进行正面指导，承担社会重任，以诚信为前提，这能够确保优秀的创新人员更好地走创新之路。通过以上举措就不会让创新人员因为效仿而无创新走向绝路。

全社会更要全面加强科学教育，让创新理念深植于青少年的心中，全面激发起其爱科学、学科学、用科学和投身科学的兴趣，并鼓励其投身于行动中。当全民科学素养提升，创新精神无所不至，一个为创新驱动发展铺路的良好文化环境，就会真正形成。

要加强创新文化的建设，培养创新理念，就一定要注重并理解创新人才的独特性，并为他们创建一个自由开放的人性化空间。需要创造一个平等的舞台，促进年轻的科技工作者在三四十岁的创造能力高峰期得到更公平的竞争机会。同时还需要重视学术民主，打造一个公正阐述观点的环境，让更多的创新性观点在交流与互动中萌发与成长。注重中小学生、高校学生的创新思维与创新意识的训练，同时要注重教育高校学生有正确的科研诚信观与道德标准，坚决打击学术不端行为。在全社会积极营造理性思维、注重知识、敢于竞争、支持创新、不怕失败、勇于探究的学术环境。

三、科技创新能力

在经济全球化背景下，倘若哪个国家能够具备强大的科技创新力，哪个国家就可以占据产业分工链上的上游区域，就可以引领国家经济发展的新产业，并推动其萌芽与繁荣。只有拥有关键性的自主知识产权，才可以在社会发展中发挥领导作用。综合来说，科技创新水平是现代社会发展的动力表征，也是国家进步的重要关卡。

（一）定义及其形成因素

科技创新能力指的是在某一科学技术领域，学校、企业以及科研机构，又或者是自然人拥有的创造发明的整体性实力，其中涵盖了科研工作者的专业知识水平、知识结构、研发经验、研发经历、科研设备、经济势力、创新精神七个方面。这七个方面相互支撑，均十分重要。

科技创新的基石在于具备专业知识水平；为了实现协作配合，本单位科技工作者应该熟知各自专业领域的知识，从而形成一种完备的知识结构；科技工作者与科研组织在一些领域中取得的研究与开发的成功实践案例与成果称为研发经验；研发经历指的是在一些领域进行科技攻关研究与开发的时间和地点，这些工作由科技人员和本单位一起完成；科研单位为进行科研试验，用到的硬件设施被称为科研设备；经济势力指的是科研单位用于科研试验和与之有关的一些活动的费用出处；创新精神指的是科研组织或者是科研工作者本身所拥有的科研灵感、创新思维等特质。

形成科技创新能力是一个渐进的过程，必须依托恰当的环境条件。倘若人们有意识地构建一个促进科技创新空间，有助于调动社会的科技创新热情，减少科技创新到产业应用的时间。毫无疑问，在科技创新方面借鉴各个国家经验是一种明智的选择。

总结多个国家的实践经验，科技创新能力的建立取决于以下几个原因：(1)科技创新能力的建立是在一个较好的文化环境下形成的。这个环境需要对人才与知识给予充分的尊重，崇尚科学的社会风气和学术风气。如果没有这样一个完整的软环境，科技创新能力就难以成长。(2)在科技创新中，教育体系是最为关键的基础性条件。我们国家的传统教育注重培养知识，注重理论积累，但在激发学生创造能力方面欠缺足够的活力与灵活性。(3)有利于自主科技创新的制度需要是全方位并且能够取得一定成效的。举例而言，它应该包括高效的项目评估与资金支持机制、睿智的产业政策，以及有益于科技创业的社会融资网络等。

在人类社会中，要完成某项任务所需要的必备条件通常围绕着人力、财力和物力展开。人是这三个条件的主要参与者和最具活力的因素。科技创新的过程中，人类的作用与人才的重要性显得尤为重要。并且，人的因素不只是涵盖个人的智力，也涵盖了个人在社会组织中的表现能力。所以说，创造一个科技创新的环境需要把人力、财力和物力进行完美整合。

科技自主创新能力主要是指科技创新支撑经济社会科学发展的能力。过往的历史经验证明，科技创新是推动现代化进程的引擎，也是促进国家发展的关键因素。在产业革命的起源中，重要的因素是原始性科技创新与由此引发的技术革命以及进步。在全球经济的发展中，那些具备强大科技创新水平的国家在国际中扮演着重要角色。对于任何新技术，要将其转变成生产力，必须在观念层面上有着科学的指引与支持，同时制度保障也是必不可少的。建设创新型国家，观念创新是出发点，而制度创新则是必要保障。只有通过科技创新，才能发明一项新技术并将其应用于生产，从而创造出新产品并掌握市场，最终获得经济效益。

(二)科技创新能力的重要性

科技创新能力是国力强盛的重要体现。现阶段，全球正发生着一百年未曾出现的变革，我国发展所处的国内外环境均有着重大变动。在“十四五”规划期间以及之后更久的时间中，我们需要紧急加速科技创新进程。科技创新能力成为国家实力最关键的体现。

历史经验表明，一个国家的科技创新能力总是能够直接改变世界发展格局，直接影响国家地位。回顾过去，我国曾以“四大发明”为代表的科技成果领先于世界，近代以后我国屡次与科技革命失之交臂，其结果是付出“落后挨打”的惨痛代价。经过中华人民共和国成立以来特别是改革开放以来的不懈努力，我国科技整体能力持续提升，在农业科技、生物医药科技、国防军事科技、信息科技等重要领域取得大量创新成果，其中一些科技领域已经跻身世界先进行列，极大增强了我国的综合国力。

科学技术从来没有像今天这样明显影响着国家的前途命运。新时代更需要科技创新大发展。新时代意味着近代以来久经磨难的中华民族迎来了从站起来、富起来到强起来的伟大飞跃，而这必须有基于自主创新能力持续提升的科技创新发展的牢固支撑。因此，将科技创新发展到决定民族兴旺和国家强盛的主要力量，是新时代中国特色社会主义科学技术思想的一条主线，已成为新时代中国特色社会主义实践的新发展理念。

科技创新能力是提升社会生产力与国家综合实力的重要支柱，一定要将其置于国家发展的关键位置。自从改革开放以来，我们国家的经济得到迅猛发展的原因是充分借助了劳动力与资源环境的低成本的优势。随着发展迈入新的征程，在国际中，我们国家的低成本优势特性开始慢慢消逝。相较于低成本优势，技术创新有着难以复制、高附加价值等显著特征。因此，基于技术创新所构建的竞争优势能够维持更长的时间，并且在竞争表现上也更好。推行创新驱动发展战略，从低成本优势加速转变为创新优势，这将为我国持续发展注入强劲动力。这对我们国家经济增长的质量和效益的提升与经济发展模式的整改至关重要。科技创新有一定的乘数效应，它不只是能够向实际的生产力发生转化，同时也能够借助科技的渗透影响力将多种生产要素的生产力进行扩充，从而让整个社会的生产力水平得以提升。

第三节 科技创新的一般原理

一、政府与企业共同驱动科技创新的原理

科技创新需要政府与企业共同驱动，这是由科学技术存在部分公共物品属性和外部性所决定的。

（一）科学技术具有公共物品属性

经济学中把全部的产品分为两种：公共物品与私人物品。在第12版《经济学》教科书里，美国经济学家、诺贝尔经济学奖得主保罗·萨缪尔森和威廉·诺德豪斯对以上两种物品作了清晰的概述："公共物品是这样一些物品，它们的利益不可分割地被扩散给全体社会成员，无论个人是否想要购买这种公共物品。相反，私人物品是这样一些物品：它们能够加以分割然后分别提供给不同的个人，并且不对其他人产生外在利益或外在成本。"

判断物品属于公共物品还是私人物品，能够依照它是否具有排他性、强制性、无偿性以及分割性这四种属性进行划分。排他性，即指某物品的使用权只能归属于它的所有者，不允许其他非所有者的人使用；强制性，即指一些物品会被自动给予全部社会人群消费，而不管人们的意愿与态度；有偿性，即指消费者必须通过支付一定费用才能购买一个物品。分割性，指的是这种物品能够被不同的人群以多种不同方式分割。典型的公共物品具有非排他性、强制性、无偿性和不可分割性等特征，典型的私人物品具有排他性、非强制性、有偿性和可分割性等特征，并且会有部分物品可能具有处于公共和私人之间的性质，或者说具有某种程度的公共性。

科学技术作为一种独特的实物有哪些特性呢？通常看法是，科学属于公共物品，技术有些属于公共物品，有些则属于私人物品。

科学被视为一种公共物品是受到科学界的惯例的影响。在科学领域中，一旦科学家成功发现某项科技成果，通常会想要迅速且广泛地分享相关信息，以让同一领域的更多科学家即刻知道此内容。在科学界，通常只有少数的成果被视为"冠

军”，而不会有“亚军”或“季军”。所以说，抢先发表科学成果变得非常关键。

技术需要更加高级。按照技术分类的标准来看，通常的技术被视为公共物品，而专业的技术则被视为私人物品。针对新的专业技能制造者而言，但凡成功研发出了一种新型的专业技能，他们会更关注怎么样进行保密并有效地利用这种技能，从而可以获取比生产这项技能所使用的成本更高的经济利益。当然，有一些专业技术具备公共物品的特征，但在一般情况下也是在集团组织或者制造者已经取得了经济效益的前提下，这些技术才成为公共物品。举例来说，在专利保护期限的专业技能能够视为私人财产，过了专利保护期的专业技能才变成公共物品。

（二）科学技术具有极强的正外部效应

外部效应指的是一些经济活动对他人福利产生的作用，以上所说的作用无法借助市场交易来衡量。从数学上来说，外部效应意味着在某个经济参与者的效用函数中，涵盖了他人的行为因素，但是这个经济参与者既不会向其他人支付费用，也没有收到任何补偿。

$F_j=F_j(X_{1j}, X_{2j}, \cdots, X_{nj}, X_{mk})$

式中 X（I=1, 2, …, n, m）——经济活动；j 和 k——不同的个人（或厂商），$j \neq k$。

这说明某个经济参与者 j 的福利不仅受自己所进行的经济活动 X_I 作用，还会受他人 k 所进行的经济活动 X_m 作用，外部效应是存在的。外部效应能够被划分为两类：一类为外部经济，一类为外部不经济。如果进一步细分，外部效应具有八种类型：生产者对生产者的外部经济，生产者对消费者的外部经济，消费者对生产者的外部经济，消费者对消费者的外部经济；生产者对生产者的外部不经济，生产者对消费者的外部不经济，消费者对生产者的外部不经济，消费者对消费者的外部不经济。而在古典经济学中讨论的是没有外部效应时的资源配置问题，既不考虑外部经济问题，也不考虑外部不经济问题。

由于科学技术存在部分公共物品属性和正外部性，市场不愿意提供这种物品，往往使得这种物品供给不足。因此，要么由政府直接干预或提供，要么采取经济手段激励人们从事科学技术活动。

政府对科技创新的干预最典型的就是专利制度。各国都制定了专利法，如美国宪法第八节第一款赋予国会下述权力："为促进科学和有益的技术的进步，保障作者和发明人在一定时效内对其相应的专著和发明享有专有权。"① 这就说明，科技创新具有非排他性属性，这导致了市场可能会出现失灵的现象。如果科技成果不能被有效保护，就会出现被广泛使用与扩散的情况，从而不能确保发明者获得应有的经济效益，以上也会造成科学研究与技术开发活动的停滞。因此，政府需要对科技市场进行一定的干预措施。为了保护研究和开发者的经济利益，政府采取制定专利法的方式，使得其可以在某个时间段内独自享受他们的发明成果所带来的经济效益。

当然，政府对科技创新的干预要把握好"度"。就专利制度来讲，技术发明的保护时间既不是越长越好，也不是越短越好。倘若专利权的授予期限非常长，那么垄断导致的破坏往往会超越授予期限中专利给发明者所带来的效益。此时，专利产生的社会成本往往超过了其产生的社会效益；倘若专利权的授予期限非常短，就不足以激励科技工作者从事创造发明活动，起不到专利制度应有的效果。一般（如美国）专利的保护时间是 17 年，这是一个专利保护的最佳有效期。这个时间是按照专利保护的边际社会成本等于边际社会收益的原则来确定的。如图 1-3-1 所示，为专利的最佳有效期的确定示意图。

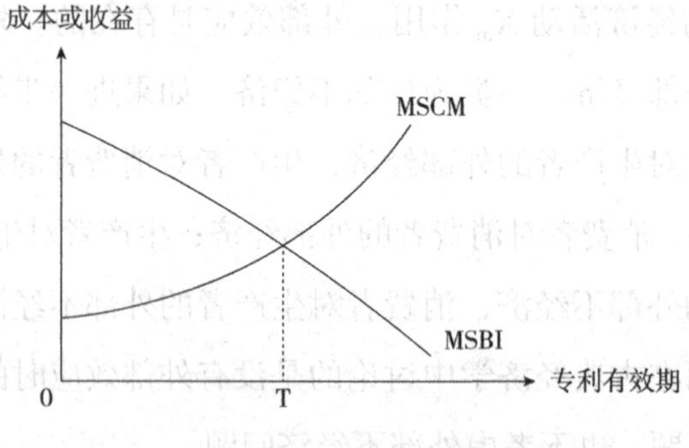

图 1-3-1　专利的最佳有效期的确定

图 1-3-1 中，横轴表示以年为单位的专利有效期，纵轴表示成本和收益。

① 李琮．世界经济学新编 [M]．北京：经济科学出版社，2000：366.

MSCM 曲线表示向专利持有者授予垄断权的边际社会成本，它向上倾斜是因为所有的垄断都会导致效率损失，而一个专利垄断权的社会成本随着专利有效期的增加而增加。MSBI 曲线表示用专利奖励发明活动的边际社会收益，它向下倾斜表明尽管专利有效期延长会增加发明活动的数量，但增长率递减。边际收益与边际成本相等是实现净收益最大化的基本原则，因此，两条曲线的交点是最佳专利有效期，即图中的 T。事实表明，科技创新既不可能单纯由政府来资助，也不可能单纯由企业来承担，必然是两者的有机结合。

熊彼特的创新理论中对企业家在创新阶段中的重要影响力进行了强调。企业家的特征性有：找到合适的机遇将新技术、新产品进行引入；对组织管理模式进行整改并实践运用，推动资源的新开发。他们对财富进行积累用于新企业的建立，同时对生产要素进行集中管理，对总经理进行委任，并能够妥善安排好组织运营。根据熊彼特的观点，企业家并不需要成为一个资本家，不必提供任何属于他自己的财产，也不一定是某个托拉斯的总经理，通常他也不是一个天资聪颖的发明家或研究者，仅靠他自己去发明或发现不可能具有多大的经济效益。那些具有远见和洞察力的人，能够抓住新企业的发展机遇，拥有创造和发展创新的能力，能审时度势并充分挖掘其经济潜力，使其在使用中不断改进完善，做到这些的才能称得上企业家。①

为什么企业家会积极从事创新活动呢？熊彼特的观点认为，即使企业家进行冒险投资是为了追求额外的经济利益，但这也仅仅是动机的一个因素。企业家从事创新活动是受到三种力量的推动：（1）有志于创建个人商业帝国的渴望；（2）克服困难并展现出卓越意志的愿望；（3）通过发挥自身才能创造与享受乐趣。在以上力量的共同促进下，企业家激发了一种“战斗的激情”，这种非物质性的精神动力就被称作“企业家精神”。熊彼特的创新理论特色在于注重企业家的素质、才能、预见力、创新能力以及愿意承担风险的优良品质，以上品质在促进社会生产方面扮演着重要角色。

根据美国人本主义心理学家马斯洛的需要层次理论，人的需要可以分成五个

① 傅晨. 发展经济学 [M]. 广州：华南理工大学出版社，1998：120.

层次：一是生理的需要，包括衣、食、住、行、性等；二是安全的需要，包括生命安全、财产安全、职业安全和心理安全等；三是归属关系与爱的需要，包括爱人与被人爱；四是尊重的需要，包括自尊与尊人；五是自我实现的需要。按照需要层次理论来说，在人类需求层次中，生理需求是最基础性的需求，一旦这些需求得到满足，接下来就是对安全的需求，即避免威胁、减少孤独感以及防止受到他人侵犯。当以上需求均实现且达到后，人们才可以感受到安全性。基于此，才会依次产生爱的需要、尊重的需要和自我实现的需要。对企业家阶层来讲，生理需要的满足一般不成问题，因此，企业家从事创新活动的主要动机在于满足自我实现的需要。

考虑到这一特点，政府在对科技创新的激励机制进行设计的过程，既应该整合利益动机，也应该兼顾精神动机，从而让企业家最高层次的需求得到满足。

二、科技创新的报酬递增原理

传统的经济学到处充斥着“递减规律”，如边际效用递减规律、边际替代率递减规律、边际技术替代率递减规律、资本边际效率递减规律等。

根据新古典经济学的假设理论：在市场中，处于领先地位的公司或者是产品最后均会趋向极限，并且达到一个能够预测的价格与市场份额的平衡状态。这是19世纪80—90年代马歇尔时代的主导观念。之所以形成这样的理念，是由于在马歇尔时代，木材、咖啡等商品，主要依靠的是资源并不为技术。在此种情况下，我们能够合理地假设报酬递减。这是一个完全竞争的市场，必然走向市场均衡。他构想的经济世界非常好地契合了他所生活的维多利亚时代的价值观。这个经济世界是平衡的，所以具有一定秩序性；其是可预测的，所以符合科学分析的规律性；其是稳定的，所以具有安全性；其变化相对缓慢，所以具有连贯性。

不太仓促冒进，不太有利可图。这个理论对于马歇尔时代大规模加工业、重工业经济是有效的，即使在现代经济中的规模加工部分理论依然有效。

在本世纪中，西方的经济模式发生了重大变化，由以规模生产为主导转变为更注重技术设计与应用——由处理物质资源转变为处理信息资源，由以自然能源为主要驱动力转向以思想与创意为核心。随着这个变革的到来，经济行为的基本机制也从报酬递减向报酬递增发生转变。

报酬递增的表现：这种趋势被称为“富者越富，穷者越穷”的现象，领先者会继续扩大他们的优势，而失去优势的人则会继续落后。它们被应用于市场、商业以及工业领域，属于强化成功或失败的正反馈机制。当报酬逐渐上涨时，并不能达到平衡状态，反而会造成不稳定的情况。在竞争激烈的市场里，如果一个产品、公司或技术在一些机遇或聪明策略的帮助下处于优势地位，递增的报酬就会进一步让这种领先优势得到扩充。

在 20 世纪 80 年代早期时候，当 CP/M（单用户单任务微机操作系统），DOS（磁盘操作系统）和苹果公司的电脑系统占据个人计算机操作系统的市场。操作系统呈现报酬递增：一旦某个操作系统占据优势，其将会让更多的软件开发人员与硬件制造商使用并加入，这有助于其实现扩大优势。在市场上建立良好的机制基础上，CP/M 最初进入市场，并在 1979 年之前成功占领了市场。虽然麦金托什在市场中进入得稍晚，但其使用方式却惊人的简便。1980 年，微软创新了 DOS 操作系统，并将其提供给 IBM/PC（一种台式机），以便完成交易。一到两年中，并无法确定是什么系统将会成为主流。尽管新的 IBM/PC-DOS 平台存在一些缺陷，然而庞大的用户群体激励了软件开发者。随着 DOS 的普及，IBM/PC 也得到了更广泛的认可。这让 DOS/IBM 这一组合开始垄断市场相当大的份额。然而，在与 IBM 交易之前，并不知道什么系统会主导市场，这是由于用户已经不愿意再去改变自己使用的系统。最好的系统并不一定是市场占有率最高的，例如 DOS 曾受到计算机业内工作者的讥笑。然而，如果 DOS 能够在市场上占据一席之地，微软公司作为其资助者，就可以将成本分散到更多的使用者身上，从而赢取更多的边际效益。

报酬递增的特征性是什么呢？在《报酬递增和新商业世界》文章中，美国斯坦福大学行为科学高级研究中心研究员布莱恩·阿瑟进行了列举：市场趋向稳定、多种可能性结果、无法预测特性、占据市场的水平、劣质物品也有机会占领市场、获胜者能获得高额利润。

为什么高新技术具有报酬递增效果呢？

（一）预先成本

像飞机和导弹等这些高新技术产品，在对它们进行设计与在市场进行投入的时候均较为复杂。它们的关键在于技巧与策略，并非为资源的投入。所以说，它们的研究开发成本通常与单位成本密切相关。微软为开发 Windows（一个操作系统系列）的第一张磁盘花了费用 50 万美元，而第二张磁盘与后续的磁盘只耗费 3 美元。当销售量增加时，每单位的成本会减少。

（二）网络效应

很多先进科技产品要和网络用户相容才能运作。倘若要在微软系统上下载并使用大量采用 Java 编写的程序软件，使用者必须先在自己的计算机上对 Java 应用程序进行安装。Java 面临着竞争对手的挑战。随着其普及程度的提高，它有更大的概率成为一种通用的规范。根据新兴古典经济学的倡导者杨小凯的观点，网络效应不仅反映在具体的、有形的信息网络上，由分工所带来的经济社会的无形的但又客观存在的网络效应同样能够导致报酬递增。[①]

（三）顾客习惯

高科技产品，通常需要经过培训才能掌握。举例来说，学习如何维护与驾驶“空中客车”的客机，他们只需不断地更新这些技术，以适应该产品的新类型。由于产品在市场上占据更多份额，也就不难在未来进一步占领市场。

针对不同的规模报酬，经济学作出了不同的解释：

按照新古典增长理论的假设，人均资本存量的递减会导致人均投资收益率与人均产出增长率的下降，随着时间的变化，不同国家之间的工资率与资本产出比也就会趋向一致。所以，假如没有外部技术的转变，经济会趋于持平状态，其人均水平也将保持稳定。因此，新古典增长理论就会得出一个令人不满意的结论：倘若没有人口增长率的提升或外部的技术变化，那么一个国家的经济增长将会停滞不前。为了解决这一问题，新古典增长理论认为，应该把经济增长归因于不能

① 鞠建东，林毅夫，王勇．要素禀赋、专业化分工、贸易的理论与实证——与杨小凯、张永生商榷 [J]．经济学（季刊），2004，（04）：27-54.

由其自身掌控的“外生的技术变化”。

在20世纪80年代的时候，新增长理论开始掀起浪潮，在该理论中对知识与人力资本的概念进行了引入，同时对要素收益递增的假设理论进行了阐述，对新古典增长理论作了广泛的改进与完善。所以，这就呈现了一幅未曾有过的情景：每人平均的产量可以持续增加，且当时间逐渐延长其也随之逐渐增快；增添资本储备，投资率与资本回报率有可能上升，而非下降；每个国家中的人均产出水平可以存在差异；新增长理论将技术解释为完全内生化的产物，表明技术不属于外部力量，而是人们出于自己的利益进行投资并加以掌控的产物；这个技术解释强调了政策的重要性，政府已经不是一个无为而治的机构，其能够借助推动教育等多种措施来推动经济增长。

显而易见，从新古典增长理论中的边际收益递减向新增长理论的边际收益递增的转变，主要是要把科学技术这个因素从外部变量变成了内部因素。

三、科技创新与制度创新互动的原理

制度创新是指对现有经济体制和其运行机制进行整改，以使创新者能够取得一定额外的利益，其常常是由于组织架构或经营管理方面的新想法而带来的创新，而科技创新往往是采用科学技术上新发现或新发明的结果。两种创新的实现都要求创新的预期收益大于预期成本。

科技创新与制度创新的互动原理包括两个方面的内容：第一，制度创新在科技创新中扮演着重要的角色，这是因为优秀的制度能够让众多高质量的人才参与到科技创新过程中，为科技发展与经济水平的提高提供强有力的支撑。反之，不仅不会吸引到高质量的人才，而且会对科技的发展与创新产生不利影响。第二，科技创新还扮演着推动制度创新的关键角色。随着科技创新的突破，生产力得以迅速提升，促使生产模式得到完善，此时就应该调整经济机制，以匹配生产力发展与生产模式的整改。因此，制度创新应运而生。

一个典型的例子是，为什么古代中国的科学技术遥遥领先于世界各国，而近代中国的科学技术远远落后于世界各国。英国著名生物化学和科学史学家李约瑟博士把以上问题描述为拥有挑战性的两个问题：（1）为何中国在历史上长期保持着明显的领先地位，超越了其他文明？（2）为何中国目前不再在全球处于领先地位？

北京大学新结构经济学研究院院长林毅夫教授运用新制度经济学的理论成功地解释了这个难题。他的观点是：古代的技术发明主要是基于一些农夫与工匠的实践经验，而科学发现则往往出自极少数的天才在探索自然时的自发启示。在现代，技术发明大部分以科学知识作为指引，并且借助实验进行验证获取；科学发现大部分是借助数学化的假说来对自然现象进行描述，并且使用可控的实验方法来验证，这类工作需要有着特殊训练经历的研究性科学工作者才可以实现。在古代，科学探究与技术研究的模式里，社会中的科学技术水平与人口数量，工匠、农民的经验以及社会天才数量密切相关，且呈现正比例关系。因为在古代，中国人口数量非常多，因此在科学探究与技术创新层面相对具有优势。中国相较于西方世界，在现代化进程中显得较为落后，这可能是由于中国的技术发明依旧是以经验为主，但是在17世纪的科学革命后，欧洲已经开始将技术发明的重点放到了实验与科学层面。科举制度是阻碍中国走向科学革命的因素之一。由于科举制度的存在，科举制度使得知识分子无心投资于现代科学研究所需的人力资本，这样一来，由原始科学向现代科学的升级概率就显著减少了。欧洲将技术发明从依赖经验向依赖科学与实验进行了转变，并且欧洲通过引进专利制度，在制度上进行了重大变化与创新，极大地调动了科技工作者的热情和创造性。①

随着科技的不断进步，我们需要改变科技创新的方式。不再依赖经验和天赋，而是要更加强调实验的作用。要想实现此类变化，必然要创造有利于知识分子投身于科学探究与技术研究的制度环境。古代中国实行官僚主义，这意味着政府职位是最受尊崇的职业之一。由此，传统中国社会认为能够进到统治阶层，已经是人们在社会地位里能够达到的最高点，也是当时人们的终极目标。这样，科举制度的设立吸引了大批量的优秀人才前来参考。因为科举考试的专业课程设置较为特殊，包括天才学生在内的很多学生都没有精力分心，导致他们没有培养科学研究所需的人才能力。同时，但凡这些人才最终通过了科举考试，也会因为忙于官场社交与职场攀爬，没有足够的精力进行科学研究。

① 彭光细．新制度经济学入门 [M]．北京：经济日报出版社，2014：180.

科技创新需要相应的制度需求和制度供给来支持这一活动，并且需要构建科学长效的激励机制。改革开放之后科学的迅速发展，彰显了制度环境对科技创新的限制或推动影响。因此，为了不断拥有科技创新动力，必须保持制度创新机制的更新。

总之，好的制度可以促进科技创新，不好的制度则会阻碍科技创新，在不好的制度下即使是已有的发明成果也得不到合理的利用。就如鲁迅先生在谈及我们国家古代人类的四大发明时所言，罗盘起初并非想应用于航海与拓展世界市场，更多的是在风水等迷信场所进行应用；火药的发明并未将传统帝国的封建体制进行摧毁，而更多是在新年、结婚以及丧事等方面使用；活字印刷术也没能如预期那样激发人们的智慧、促进学术进展，反而成为限制思想、制造文字冤狱的东西。

所以，不仅仅是制度创新和科技创新两者共同促进的经济发展，更准确地是制度创新促进了科技创新，从而促进了经济的发展。

四、科技创新的扩散规律

在熊彼特看来，企业家创新的主动力源泉是发现了可以获得利润的机会。创新的成果为其他企业开创了新的途径，随之诞生了一波创新热潮，许多企业也效仿其做法。因为创新浪潮的兴起，公众对银行信用与资本产品的需求也变得更多，从而促进了经济向上迅速发展，带来了繁荣。当创新浪潮逐渐减弱，并且新型生产方式广泛应用，此时赢得经济利益的机会就会日益减少，进而导致对银行信贷与资本产品的需求变少，最终导致了经济衰退。“繁荣”与“衰退”的循环交替活动便是资本主义经济发展的运动形式。熊彼特还指出，在经济繁荣走向经济衰退时，还存在萧条、复苏两个阶段。这是因为，经济繁荣走向经济衰退，不会直接导致新的均衡出现，它必然紧接着病态的失衡，即萧条；随后是对萧条的必要调整，即复苏。而要使复苏进入繁荣，则必须再次出现创新浪潮。熊彼特还认为，大创新引起长周期，中创新引起中周期，小创新引起短周期。[①]

那么，科技创新的扩散机理是怎样的呢？在科技创新的扩散进程里，扩散的

① 张建华. 西方经济学简明教程 [M]. 北京：中国农业出版社，2000：261.

是与创新相关的内容。当一项科技创新还没有被大范围应用的情况下，因为人们对其掌握得不够全面，进行创新活动，必然会承担较大的未知风险。所以，技术创新扩散的进程较为缓慢，应用范围有限。倘若有众多的厂商使用了此项技术创新，未使用人员就能够掌握这项创新的更多相关信息，这样也降低了运用的风险程度。因此，技术创新的普及速率就呈现增长趋势。当这项技术创新被广泛使用，未来的潜在使用者的数量也就相应地减少，这就造成了扩散速度放缓，最后呈现停滞不前。这一过程可以用"S"型增长曲线的"传染模型"来描述。如图 1-3-2 所示，为科技创新的"传染模型"。

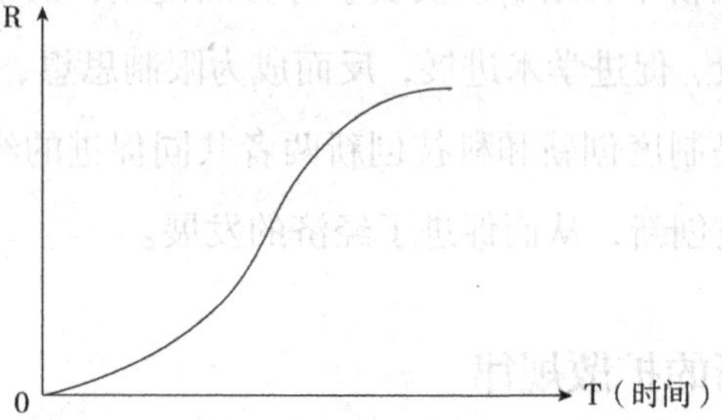

图 1–3–2　科技创新的"传染模型"

图 1-3-2 中，横轴 T 表示时间，纵轴 R 表示采用新技术的厂商或消费者的积累数。"S"型曲线表示，科技创新的扩散一开始迅速增长，随后增速逐渐减缓，并最终趋于平稳甚至可能下降的状态。

格里列西斯是一名美国经济学家，其在 1971 年发表了著作《杂交玉米和创新经济学》，书中将杂交玉米的推广作为案例，对科技创新扩散的"S"型增长曲线趋势图作了详细分析。

格里列西斯提出，科技创新的扩散进程能够被分成三个阶段：（1）起初，扩散速度通常较为缓慢；（2）随着时间的延长，扩散的速度逐渐提升并达到最高值；（3）达到最高值之后，速度呈现缓慢趋势，最后会趋于平稳。整个过程呈"S"型曲线。他认为这一现象并不是杂交玉米领域所特有的，美国农业中其他一些新科技成果的扩散过程也呈现出类似的情形。因此，这一研究成果具有普遍意义。格里列西斯深入探讨了科技创新扩散速度变化的三个阶段，并且指出，此种变化是由社会与经济因素一起影响的结果。社会因素对科技创新的扩散产生影响的因素，涵盖了采用者的性格特点、教育水平、生活状况以及社会地位等。在扩散的早期以上因素对结果的影响显著，然而从长久来看，有可能会相互抵消，逐渐失去重要性。[①]

就长久而言，经济因素的影响更为显著。新科技成果刚开始扩散时，速度缓慢的一个重要因素是，新技术的诞生或推广可能并不是商业上最合适的区域。在商业中，能够更好推广创新成果的区域通常需要拥有三个优势因素：（1）市场密度应该较高，可以便捷地让使用者获得新科技成果。（2）引进所需的成本相对较少。（3）最新科技成果的运用能够获得较高的经济利益。科技创新成果倘若能够进到与之相配的商业区域，那么传播速度一定会大大提升，并能够进到第二阶段——科技推广。

科技创新的普及达到顶峰后，速度会慢慢减缓，并到达水平时期，出现以上情况的原因是，在新的科技得到广泛传播后，总会出现部分企业与地区在对此项技术进行运用后遭受经济效益不佳甚至亏损的状况。当一项科技创新成果被广泛采用并渗透到商业领域中，适用该项技术的企业与地区均陆续采纳并运用，潜在的采用者也逐渐减少。这时科技传播速率就会呈现减缓趋势，一直到新技术的出现。

“传染模型”在一定程度上描述了科技创新扩散的规律，具有直观明了与经验数据相吻合的特点，从而得到人们的普遍承认，并被认为是对熊彼特创新理论的一个发展。

其实，“传染模型”说明的是单个的科技创新的扩散问题，如果将众多的科技创新成果的扩散效应加总在一起，那么，波浪式前进的经济增长趋势就会变成坡型的可持续发展趋势。因此，经济可持续发展所追求的是波浪式前进的经济增长的叠加效应。

① 陶文达．发展经济学 [M]．成都：四川人民出版社，1992：167.

第二章　科技创新的功能

经济社会发展越来越依赖科技进步，使科技成为重要的发展驱动。国家、社会和企业的发展都有赖于科技的发展，经济、军事、政治、社会、教育、文化等方面的竞争，也都基于科技。各个领域都要求科技为中国式现代化注入强劲动力，使科技在推动现代化建设中发挥重要作用。本章主要介绍了四个方面的内容，依次是科技创新的经济功能、科技创新的政治功能、科技创新的文化功能、科技创新的生态功能。

第一节　科技创新的经济功能

在知识经济环境下，科技创新已经成为国家复兴与企业取得发展的重要引擎。科技创新是一项风险高、回报也高的科研活动，为企业的可持续发展提供了基础，同时也是国家实现经济不断增长的重要途径。随着科技创新的不断加速发展以及技术产品生命周期不断减少的现状，科技创新变得更为关键，并拥有独特的经济价值。科技创新是推动经济增长的重要因素和引擎。

一、科技创新是经济增长的源泉和动力

（一）科技创新促进社会生产力的发展

科学技术是生产力，是马克思主义者的最鲜明观点之一。马克思、恩格斯认为，科学“是最高意义上的革命力量”[①]。邓小平同志继承和发展了马克思的思想，

① ［德］马克思，［德］恩格斯著；中共中央马克思恩格斯列宁斯大林著作编译局译. 马克思恩格斯全集 第 19 卷 [M]. 北京：人民出版社，1963：372.

他补充道："马克思讲过，科学技术是生产力，这是非常正确的，现在看来这样说可能不够，恐怕是第一生产力。"① 科学技术是生产力，特别是在现代社会，科学技术促进了生产力的跨越式发展，但科学技术是潜在的生产力，它对生产力的作用是通过影响劳动者、劳动工具、劳动对象而实现的。

人类社会的演变是生产关系与生产力之间的矛盾不断变化的历史。生产力的进步和适应性生产关系的转变是促进社会进步的核心驱动力，也是所有社会发展的基本法则。生产力的提升是人类社会发展的主要矛盾之一，也是促进社会发展的关键要素。从 18 世纪开始的工业革命引领了经济社会的飞速发展，科技成为推动这一进程的主要力量，扮演着极为重要的角色。

每一次科技革新的发生都能够大幅提高社会的生产力。当今时代，第三次科技革命旨在运用原子能、半导体等先进技术，促进社会的自动化、现代化和智能化，从而极大提高劳动生产力并转变了经济结构。所以说，需要全面熟知当前科技创新和经济进步两者之间的关系，将二者紧密融合，以促进科技创新对经济社会进步的推动。科技被视为最主要的生产力，然而它仅仅代表着潜在的生产力，存在于知识形态范畴中，倘若想要它能够直接促进经济发展，科技创新的应用与扩散需要一定的步骤和程序。现代经济发展的驱动力在于科技进步，而科技创新是其核心。不断创新是现代经济发展的主要推动力量。

实现科技成果变成生产力的过程，主要依赖于科技创新。尽管科研优势并不直接造成经济优势，也不会直接造成生产力水平的提升，但是科研优势即使不是那么显而易见，倘若专注于技术的应用与传播，依旧能够在经济发展方面取得不错的成就。古代中国与现代日本是这一领域的典型代表。日本注重引进技术，并强调科技成果推动商品化，从而取得了快速发展。举例来说：尽管液光和液晶显示等多种技术的起源在美国和英国，然而日本却以惊人的速度将它们实现了产业化。现代技术与经济的进步，大概率得益于持续的科技创新。要想推进产业技术能力与提高经济水平就应该大力倡导科技创新。据研究发现，一个国家的创新能力直接影响其在国际上的竞争力与在贸易中的地位。

---

① 邓小平. 邓小平文选 第 3 卷 [M]. 北京：人民出版社，2001：275.

（二）科技创新为经济增长提供动力

自20世纪之后，科技创新不断迅速发展，生产力日益社会化、机械化和智能化，经济结构也在持续性完善整改。科技进步变为了经济增长的主要推动力。然而，经过探究表明，科技创新才是推动经济增长的关键，而科技进步只是其中一个衍生的结果。这是经济理论的一个全新的进展。

经济学家熊彼特在其著名的《经济发展理论》中最早提出创新理论，他的观点是，科技创新是由新产品或新工艺设想在市场上进行应用的过程，同时注重技术创新的终极目标是将技术应用于商业领域，并成功地推出新产品在市场上获得认可和成功。美国著名经济学家罗伯特·索洛认为从长远的视角进行分析，资本和劳动力的不断投入并不能从根本上推动经济增长，其本质性的推动力应该为科技创新与科技进步。[①] 科技创新被视为推动经济增长的主要动力之一。因此，科技创新理论与经济发展理论紧密相连，对于科技创新推动经济增长的信念更为普遍和深入人心。在此基础上，1986年，美国经济学家、纽约大学经济学教授保罗·罗默提出的四要素经济增长理论认为，资本、非技术劳动力、人力资本（按接受教育时间的长短度量）、新思想（按专利数量度量）是保持经济增长的关键要素。[②]

根据创新理论的分析，经济的持续发展源自科技创新的涌现。企业一定要通过持续性科技创新，以此来维持长期的竞争优势，在市场经济背景中这点尤为重要。企业在实施行动时会被利益最大化的目标所驱动，因此取得大额经济利益是企业最为基础的目的。尤其在企业生产经营进入了信息化、网络化、国际化的知识经济时代之后，企业与企业之间的信息沟通变得更加便捷，这让技术扩散得更快。虽然企业凭借科技创新的特色在某一地区能够保持短时间的经济发展领先地位，但长久下来，这种情况难以保持下去。这主要是由于类似企业能够通过模仿技术与更深入的创新，进一步获得技术上的领先与经济领先，从而造成领先创新企业从技术革新中获得的回报减少现象，同时，它们的相对优势会逐渐减弱，由此缩短了收益期。这也就意味着，企业一定要持续保持科技创新，以取得竞争优

① 孙敬水. 中级宏观经济学 [M]. 上海：上海财经大学出版社，2008：12.

② 黄津孚. 人力资源管理与现代企业组织 [M]. 北京：人民日报出版社，1994：168.

势，从而确保经济的稳定与进步。在其中科技和经济彼此作用、彼此推动、彼此制衡。此过程里借助科技创新和生产要素有机整合，提高经济发展中的技术水平，推动经济实现飞速发展，并产生新的生产力。

二、科技创新促进产业结构优化

通常所说的产业结构是指国民经济里不同产业之间的比例与相互联系的状态，从而构成整个国民经济结构的一个重要组成部分。对于一个国家的经济发展来说，产业结构的优化无疑是至关重要的。这不仅可以推动经济发展，有利于效益的提升，还能助力达到经济发展的目的。产业结构的优化升级主要是指各产业之间以及产业内部的全面、协调、可持续发展，最终的目标是让第三产业占据主导地位，而第二产业和第一产业的比重逐渐减少；高技术产业不断涌现和发展，传统产业通过引入高技术进行改造和提升，导致其在整体产业结构中的比重呈现下降趋势。我国到目前为止，产业结构仍很不合理，优化升级的任务还很艰巨。据统计，2022 年国内总产值达到 1210207 亿元，同比增长 3%，全年经济总量得到了进一步提升。第一产业的总产值为 88345 亿元，出现 4.1% 的增长。第二产业的总增加值达到了 483164 亿元，同比增长了 3.8%。第三产业的经济总量达到 638698 亿元，同比增长 2.3%。国内生产总值中，第一产业的增加值占比为 7.3%，第二产业的增加值占比为 39.9%，第三产业的增加值占比为 52.8%。[①] 同时，我国第三产业中的传统服务业，如餐饮和运输等，占据了较大比重，而新兴服务业，如计算机及软件服务等，所占比例相对较小。因此，我们需要积极推动科技创新，对传统产业进行改造，促进其优化升级。

第一，科技创新推动新兴产业的兴起，从而引起产业结构的转变。科技创新特别是在新兴技术范围的开发，一定会造成新产品的涌现。当新产品规模在持续壮大，就会逐渐塑造一个新型的产业部门。举例来说：第一次产业革命之后，随着纺纱机与蒸汽机技术的问世和运用，不只是改变了纺织工业的模样，还在一定程度上引发了冶金、机械制造等多个领域的变化，逐渐结束了手工业时代。

---

① 国家统计局．2022 年四季度和全年国内生产总值初步核算结果 [EB/OL]．（2023-01-18）[2023-07-10]．http：//www.stats.gov.cn/sj/zxfb/202302/t20230203_1901718.html.

第二，科技创新对一些产业产生负面作用，导致其产业结构发生变化。不可避免的，新产品的推出会阻碍其他产品的发展，会持续性抢占其他产品的市场份额，导致人们对原有产品的需求度大大降低，甚至是被市场淘汰。可以预料的结果是生产这些产品的产业增长缓慢甚至走向衰落和消亡。举例来说：随着塑料板和纸张性能的持续性完善，很多时候可以使用纸代替木板，导致木器制造业不断萎缩；由于半导体器件的普及，电子管逐渐退出了市场。

第三，科技创新让相关产业部门在产业结构中的地位发生了转变。因为改进了工艺、设计技术，改善了技术装备，提高了生产组织管理能力，进一步让之前的产业部门的生产情况得到了显著改善，造成了它们在全产业结构中的地位变化。举例来说：科技创新大幅度提升了一些部门的生产效率，减少了开销，让市场得到扩张，产品需求量显著增加，因此进一步降低了生产成本，在国家经济中这些部门的地位逐步升高。

第四，随着科技创新的推进，企业正逐渐从依赖劳动力和资金投入为主转向依赖高科技技术为主。随着科技创新的不断发展，尤其是现代高科技的促进，企业的发展趋势也在逐渐发生变化。总体来说，企业从过去注重劳动密集型的模式向更为注重资本密集型的模式转变，同时逐步向更加注重知识技术密集型领域转型。以上三种类型企业，劳动密集型企业的特点是劳动生产率相对较为低下，并不能创造过多的价值，此种类型的公司通常只适合生产一些技术不复杂的产品。资本密集型企业的特点是生产单位产品需要较多的投资，雇用的人数相对较少，使用的技术设备较为高端。此种企业通常不需要过高的单位成本，且劳动生产率较高，然而要求有充足的资金、复杂的技术装备以及与之相适配的服务设施。知识技术密集型企业的特点就是具备非常多的科技人才，在资源方面占据一定优势，是能综合运用先进的、现代化的科技创新成果的企业。

第五，很显然，从宏观方面考察，企业科技创新的过程同时也是知识取代劳动和资本而成为企业的主要创新资源的过程。

三、科技创新促进经济增长方式发生转变

随着信息技术等高新技术的快速发展，高科技产业正日益向现实生产力转化，经济和科技之间的联系越来越密切。在这种背景下，国家综合实力竞争的核心就主要体现在科技创新与高科技产业化方面。

2035 年基本实现社会主义现代化是党的二十大报告中的重要目标之一，为此，推进新型工业化被视为至关重要的任务。在此基础上，加强制造业、质量管理、航天、交通、网络和数字化领域的建设。

中华人民共和国成立初期，我国的第一个五年计划采用了类似于苏联社会主义工业化模式的发展路径，聚焦于发展重工业，并通过投资刺激经济增长。虽然这种做法只是临时之策，但确实为我国经济建设奠定了坚实的物质基础。然而，直到改革开放前夕，依旧采取此种模式，其成效展现并不理想，反而对经济与社会政治的发展带来了负面影响。自改革开放后，对结构进行调整、改变过去采取的旧的增长模式和工业化道路带来的多方面问题。从 1979 年到 1981 年，国家实施了两次调整国民经济结构的举措，积极促进了农业、轻工业和服务业的发展，均取得一些成果。然而，从根本上提出转变增长模式的要求是在“九五”计划期间。

现在我国经济的快速增长主要是借助大量投入资金、劳动力以及自然资源等生产要素实现的，这种经济增长模式具有投入成本高、排放高、污染程度高以及效率低下的特点，属于粗放型经济增长。可以看出，此种模式会引起资源与环境问题的尖锐冲突，对经济社会的可持续发展会起到阻碍作用。此种模式中，随着生产规模的扩大和资源损耗的增加，环境破坏也呈现出与之正相关的趋势，这种情况不可能通过单纯的经济增长获得改善。反而，随着生产的逐渐增大，这些矛盾变得更加尖锐。所以说，只有推动经济增长模式的转型，才可以有效改善长久以来制约经济发展的根本性问题，并彻底解决它们。过去，曾有一些国家最先完成工业化，但在后期向后工业化进行转变的进程中，也曾面临经济发展与环境、资源短缺的问题，也就是“增长极限”挑战。科技创新是消解极限、突破极限的重要方法之一。这种方法是用来改变过去粗放型的经济发展模式，有效应对经济

发展和环境资源之间矛盾的最有效、最经济实惠以及最具操作性的方式。

在现代，集约化形式的扩展再生产，不只是要求各个要素在更广泛、更大程度上进行优化组合与合理利用，还需要不断增加生产要素与生产流程中科技含量的比重。近几十年来，从科学理论到应用技术，再到最终产品，彼此间的转化速度在持续性加快。经济的繁荣发展得益于科技的不断进步，因为科技的创新始终是经济持续发展的重要支柱，并能够带来新的机遇和发展路径。要真正转变中国经济增长方式，必须加大投入力度，促进科技自主创新，取得实质性进展。科技创新是指引经济增长方式转变方向的重要标志，并且是推动转变经济增长方式的有力工具。随着国际经济竞争的加剧，科技创新同经济发展之间的紧密联系越来越明显。所以说，在转变经济增长方式方面，主动引入国际优秀的、成熟的科技手段十分关键，但更核心的方法是借助自主创新来推进科技进步。为了实现这一目标，必须始终遵循“经济建设必须依靠科技创新、科技创新必须面向经济建设”的战略指导方针，持续性调整与完善科技体制，以建立有效的机制实现科技与生产的密切整合。在经济的进一步发展过程中，我们需要发挥企业在科技创新与科技投入方面的主要作用，并且推动企业的研发能力。此外，我们应该始终把引入先进技术同自主创新进行整合，进一步达到开拓市场、科技创新以及生产经营的完美结合。这种增长方式是以科技创新为推动力与发展潜力的内部扩张型再生产方式。

四、科技创新优化经济发展环境

（一）科技创新改善经济运行环境

经济系统的运作受到许多因素的制约与作用，这些因素构成了经济系统运行的环境。就它们的范围而言，经济环境可以分为广义和狭义两种。狭义的经济环境是指对经济系统的运行有直接影响的社会环境，而广义的经济环境则不仅包括社会环境，同时也涵盖了对经济发展有作用的自然生态环境。依照其特性与限制影响的差异性，环境对于经济系统运转的影响可以分为两类，即硬环境与软环境。其中，硬环境是指经济系统运行所必需的物质和资源条件，软环境指的是制约和影响经济系统运行的各种制度和思想观念的总称。

科技创新在历史上对经济运行环境产生了双重影响，既有正面也有负面。在经济系统运行的自然环境方面，科技进步的作用一方面是促进了经济系统在自然环境上的完善与整改，也就是当科技在持续进步，经济运行所在的自然环境区域不断扩大，能够加以利用的资源数量逐步变多，可开采、可加工的资源层次也变得更深，资源的挑选与资源的加工技术有了很大进步，开采路径与方式变得更加多样化，在可再生资源的选择、培育以及完善技术上日益进步。另一方面，即使科技进步能够使生产更加高效，资源也能够得到更充分的利用，同时对环境的保护水平也逐渐提升，然而自然环境能力有限并且资源稀少，科技进步不仅加速了资源消耗的速率，还在某种程度上推动了环境污染。

科技创新也同等重要地影响着经济运行所处的社会空间。它持续地让社会物质条件发生改善，同时对社会文化观念氛围产生了积极影响，并且在社会制度层面也起到一定改良作用。一方面，科技进步对经济活动所涉及的文化及其所持有的价值观念产生的影响。这种影响不仅改变了人们的价值观念和文化体系的发展，同时在彰显科技进步持续推动人们对经济现象与其发展规律的理解方面。经济思想和经济理论不断得到丰富和发展，其中不乏英国古典政治经济学和马克思的政治经济学这样的代表性理论，以及熊彼特的“创新理论”和“新增长理论”等，都立足于科技创新发展，推动经济思想与经济理论的进步与创新。科技的进步加速了生产力的发展，这一定会带来生产关系的变化。这种变化将促进社会经济制度的调整，并完善其运行机制。在生产中，科技的运用主要表现为将其作为物质形式的创新工具，劳动资料既是衡量人类劳动能力发展的标尺，也是反映社会关系的重要工具。不同经济时代的界限就是以这些使用的劳动资料为基础进行划分。人类历史经过石器、青铜器、铁器、机器等各个阶段，直到现在的电子信息与基因工程技术时代，以上发展表明了人类社会发展的多样性和复杂性。我们可以看到，人类社会从原始社会到奴隶社会、封建社会、资本主义社会，再到社会主义社会生产关系的演变，不只是在形式和内容上经历了发展与变化，还推动了经济制度与别的运作机制的调整与完善。以上不只是由于经济制度作为上层建筑，其性质和运作方式都是由社会生产关系所决定的，还有一个原因就是经济制度和运行机制要想确切起到调节社会物质经济关系的功能，只能借助完善与变革。这些生产关系与经济制度的变革序列，均是劳动资料改变所带来生产力变革的结果，而根本上又源自科技进步的驱动。

（二）科技创新协同经济运行机制

科技创新不仅对宏观经济系统和微观经济主体有着关键作用，而且在经济运行机制方面也发挥着关键作用。科技进步能够使经济系统的众多要素（主要指经济结构）之间实现有机协调和灵活调整，进一步提升人力资本储备与产业结构升级等方面。这有助于优化宏观经济系统的运作机制，推进经济的持续发展。同时，科技综合创新与协同创新持续性将企业的核心竞争力与科技创新能力进行提升，并且从产品、生产工艺以及管理体制等多层面发挥作用。在微观经济系统中，以上进步就有助于其运行机制进行融合与协同发展。

另外，科技创新的经济功能性还体现在通过持续发展的技术，让世界经济的发展方向与格局发生转变。世界科技活动中心的转移受到了历史的多种原因的影响，这些原因同时也促进了中心所影响的国家或地区的经济增长，让它们转变为这个时期的世界经济发展中心，主导着全球经济发展趋势，并塑造了该阶段的全球经济格局。

第二节 科技创新的政治功能

科技创新不只是在经济与社会发展里扮演着日益重要的角色，同时也在社会政治领域占据着重要地位。科技创新有助于促进政治体制的改革，它是促进政治文明不断进步的重要动力，同时，也能为我国提升国际地位给予技术支持。

一、科技创新推动政治体制的变革

（一）科技创新推动社会政治制度和社会管理方式的改进

社会生产力的提升是推动社会政治制度与管理方式改进的关键因素，生产工具在这个增长过程中扮演着决定性的角色，但要实现对生产工具的改变，必须依靠科技创新。随着生产力的进步，生产关系中不可避免地会产生矛盾。因此，由于生产力的发展阶段的不一样，社会变革呈现的形式也具有一定差异性。这表明，科技创新是促使社会政治制度和社会管理方式得以变革的原因。

科技创新推动了封建主义和资本主义政治制度、社会管理方式的改进。第一次科技革命始于18世纪60年代，其源头为纺织机械的革新，而其标志为蒸汽机的发明与在各区域的广泛运用。这项技术革命释放了成千上万的工人，不再困于手工工厂，而是转变成了操作机器的技术工人。大规模使用机械工具和社会劳动生产率的快速增长，导致从前的贵族们逐渐转型为工厂所有者，而农奴则获得了自由身份。资产阶级完全推翻了古老的封建制度，推动了资产阶级革命的胜利。第二次技术革命主要以电力广泛应用为特征，始于19世纪70年代，改造了有的工业部门，促进了电力、通讯、石油、高层建筑和军火、铁路等工业部门的建立。以上工业部门的建设提高了生产力，致使资本主义从自由竞争阶段向垄断阶段的转变。这次转变是科学技术发展对社会政治制度和社会管理方式的一次重大变革，为乏味无趣的社会注入了新的活力与动力。从20世纪40年代，全球掀起了第三次技术革命的浪潮，计算机应用成为这场变革的核心，涵盖了电子、合成材料、生物技术等多个科学技术与产业领域。这一变革让政府意识到务必更新社会政治制度与管理方式，以匹配不断发展的信息化社会需求。同时，网络技术的广泛应用促进了欧洲一体化的进程，首先体现在实现了货币统一和欧元的问世与推广，促进了多个国家在政治和管理上的趋同。以上均说明了科技创新促进了社会政治制度的完善与自我管理方式的提升。

（二）科技创新推动了国家的民主政治建设

科技创新和民主政治从开始到现在都是现代文明的双重基石，相互依存、相互促进，是不可分割的整体。民主社会为科技创新提供了必要的环境，同时，科技创新也促进了民主的发展。科技创新在不同阶段的发展都对当代社会的民主政治产生了不同程度的作用。当科学精神进入政治领域时，它将激发民主意识的提升，并将进一步推动科学事业的进步。科技理论的发展与争议，能够对人们的民主政治理念与信仰产生直接或间接的影响，从而促进人们更积极地参与政治活动。

随着科技创新的迅速发展，社会政治活动能够使用现代化的工具和新型通讯等物质手段。这些手段让更多人有了更加富足的时间与更好的物质保障，从而加强了人们的政治参与意识，逐渐提高了实践水平。科技创新的实际应用为人们参与更多的社会政治活动提供了新的框架与条件，进而创造了新的机遇和潜力。法治建设的进步也受益于科技创新的发展。民主政治建设的核心要求就是要依据法律来治理国家。科技创新对立法活动和立法程序的完善有着积极作用。

（三）科技创新促使政府对科技政策进行调整

在哲学中常有一种说法，即真理向前迈进一步就可能成为谬误。科学技术作为推动社会进步的真理也存在此类问题的两面性。

科技的双重效应造成了许多令人头痛的社会与经济难题。尽管科技的进步在很大程度上推动了经济的发展，但这也导致了人际和环境问题的加剧，对人类的生存产生了直接威胁。举例来说，两次世界大战期间，战争国均具备最先进的科学技术，以此制作多种战争武器，进行国家间的厮杀，从而严重影响了世界秩序，让人类遭受了巨大的灾难；在生物技术范畴中，医学技术为社会带来了广泛的益处，其中包括基因工程蛋白质药物、基因工程疫苗、不同种类的免疫细菌，以及应对多种多样的疑难病症的化学与物理治疗技术，这种情况提升了人们的健康水平，降低了疾病的发生率，死亡率减少，增加了人类的生命期限，但也导致了人口老龄化与人口增长。农药的广泛使用和高效性已导致农产品和土壤受到污染。随着生物工程技术的进步，实现跨物种组织与器官移植将成为可能，但也将增大物种与物种之间疾病传播的风险。尤其是当时媒体广泛报道的克隆技术，给社会行为、道德观念以及法律层面带来了严峻的挑战；电子信息技术的广泛应用在提升劳动生产力和促进社会经济发展方面取得了卓越成就，但与此同时，也引发了一系列社会问题，例如：劳动力闲置、企业大量裁员等。随着人类对电子产品的使用逐渐增多，处理过时而废弃的电子产品也成了一项重要的任务。然而，这些废弃物中的化学成分，例如电池中的铅、镉等有害物质，加剧了生态环境的破坏。

除此之外，科技创新还带来了资源短缺、城市过于拥挤、核武威胁以及高科技犯罪和道德价值观的下滑等多种问题。制定科技政策是解决这些问题的必然选择，它能够规范与指引科技创新的路径，引导科技创新行为并借助科技模式对过程进行管理。随着科技创新不断涌现新挑战，我们需要调整之前的科技政策，并制定与社会发展相适配的科技政策，指导科技攻关，对技术进行改造，调整生产、消费、技术结构，促进变革的进程与发展的步伐，确保科学技术的发展朝着正确的方向持续推进。科技创新是驱动社会生产力发展的关键因素，在社会进步中扮演着日益重要的角色。

二、科技创新是推动政治文明发展的动力

（一）科技创新是推动政治文明发展的物质动力

科技革命对生产力的影响最先显现，随着产业革命的到来，社会结构也随之发生了变化，这种变化影响了政治结构的形态，同时也催生了社会变革，最终推动了整个社会的发展。科技创新是促进政治文明发展的重要力量，它以科学作为第一生产力，在生产力发展中发挥着重要的作用。

生产力是人类征服、利用以及改造自然的实际程度与实际能力的一个哲学性概念。它是加快生产关系转变、促进人类社会文明不断发展的核心因素，同时还是促进政治文明进步的动力源泉。马克思主义强调科学技术是推动生产力发展的重要因素，因此在科技创新上进行投资和改善是非常重要的。邓小平基于马克思主义科技创新理念，以我们国家的实际情况为依据，汇总近现代科技发展的新趋势与新特点，指出："当代的自然科学正以空前的规模和速度，应用于生产，使社会物质生产的各个领域面貌一新。特别是由于电子计算机、控制论和自动化技术的发展，正在迅速提高生产自动化的程度。同样数量的劳动力，在同样的劳动时间里，可以生产出比过去多几十倍、几百倍的产品。社会生产力有这样巨大的发展，劳动生产率有这样大幅度的提高，靠的是什么？最主要的是靠科学的力量、技术的力量。"[①] 马克思主义一直认为，科技创新是生产力的重要组成部分。马克思在一百多年前就曾指出，随着机器技术的进步，必须明智地运用自然科学。此

---

① 邓小平. 邓小平文选 第 2 卷 [M]. 北京：人民出版社，1994：87.

外，需要明确的是，生产力不仅仅限于物质生产上，还包括科学技术等方面。随着现代科技创新的不断进步，科学和生产之间的紧密关系日益加深。随着时间的推移，科技创新的重要性越来越显著，因为它已经成为生产力的一个重要组成部分。在指出当代科技创新对发展生产力的巨大作用的基础上，邓小平进一步指出："马克思说过，科学技术是生产力，事实证明这话讲得很对。依我看，科学技术是第一生产力。"①

总的来说，现代科技创新在迅速发展，并且被广泛应用于生产实践中，成为现代生产力中最为活跃与重要的推动因素。如果劳动者学会了科技的创新，那么他们就能更好地了解、改变以及保护自然。当科技创新与生产资料相融合时，工具的效能将大大提高，进一步使群众的劳动生产率也会相应提高，从而有助于人们扩展和深化生产活动。科学技术被认为是生产中最重要的力量，通过不断创新和发展，能够促进生产力的快速增长。生产力是推动政治文明向前发展的实质力量，是促进政治文明发展的主要动能。所以，从科学技术为第一生产力的角度来说，科技创新是推动政治文明发展的实质性力量。

（二）科技创新是推动政治文明发展的精神动力

科技创新不仅具备物质实力，还蕴含着精神动力。作为一股精神能量，它能够对生产与社会结构产生直接影响力，促进政治和文化文明的进步。科学涵盖了科学知识、科学思想、科学方法以及科学精神，并且科技创新作为一种精神动力愈发强大，改变了人们的意识、观念、准则，激发了新的动机与价值评判，这种趋势势不可挡。科技已经越来越广泛地渗透到社会生活的许多领域，不仅深刻影响着社会的经济领域，也越来越限制着社会意识形态的发展。作为永无止境的推动力量，科技创新是政治文明不断进步的精神源泉。

在人类政治文明的进程中，科学知识与科学思维为其提供了有力的思想支持。我们可以看到，在人类政治思想史上，不管是哪一次思想的解放与政治理论的发展均是伴随着科学新发现与技术新进展而出现的，不管哪一次重要的科学发现与技术进步均会让人们更深刻地认识到自然、社会以及人类本身的特点。这种认识

① 邓小平．邓小平文选 第 3 卷 [M]．北京：人民出版社，2001：274.

的加深同样会引起人们在宇宙、社会、发展和价值等方面的观念变化，从而产生新的思想观念与政治理念，进一步促进政治文明的不断发展与提高。

三、科技创新为提高我国的国际地位提供技术支撑

（一）科技创新为我国追赶世界创新的先进潮流开辟道路

科技的革新，给国家带来了机遇与挑战。倘若一个国家和民族不能跟上科技发展的步伐，不努力提升自己的科技创新能力，并且不能同自己国家的发展实际相结合，那么这个国家就会滞后，进入极度被动的状态。现阶段，我国政治局势稳定，经济在持续发展，并且基于可靠的技术和物质基础，我们具备追赶国际先进科技的条件与能力。若不迅速推动我国经济与科技领域的进步、积极追赶全球先进的水平，我国很难在国际竞争激烈的环境下占据主动地位。要紧跟世界科技创新发展的步伐，我国必须牢牢把握住机会、勇敢面对挑战、选择合适的发展路径与突破口。其中，科技创新能力的提升、高科技产业化的发展以及信息化的推动是实现这一目标的核心因素。

在这个全球性的产业变革的大环境中，我们面临的挑战是双重的，我们必须在进行体制改革、实现经济增长方式转型的同时，全面提升我们的认识水平，确保实现产业结构的转型与变革，与全球最新的产业革命浪潮并驾齐驱，紧跟时代的步伐。为此，我们必须在科技创新、科技发展方面进行加强，并将其应用于产业领域，这样我们国家经济的国际竞争力才能得到有效提升，并主动融入国际经济竞争中，保持竞争优势；才可以有效地实行“走出去”策略，将“引进来”与“走出去”进行密切整合，充分发挥国内外两方资源和市场的优势。以上均是我们必须走的道路，以确保我们在国际竞争中始终保持主动地位并取得胜利。同时也有助于实现经济结构调整与资源优化配置等方面的改进，在扩大经济空间的同时，持续增强我国经济发展的推动力和潜在活力，推动我国经济实现长期发展目标。

（二）科技创新为保障我国的国家安全提供强大力量

2014 年 6 月 9 日，习近平总书记在两院院士大会上曾指出“历史告诉我们一个真理：一个国家是否强大不能单就经济总量大小而定，一个民族是否强盛也不

能单凭人口规模、领土幅员多寡而定。近代史上，我国落后挨打的根子之一就是科技落后。”①

随着经济、科技和金融等领域的全球化趋势不断加速，我们迫切需要采取措施来确保国家的主权、经济的安全以及国防稳定。其中一项重要举措是对科技创新进行加强，推动高科技与高新技术产业的发展。在现阶段的国际竞争与国家安全的背景下，科技实力的重要性明显增加，它对于国家安全的制约作用也变得更加紧迫。国家安全的核心要素已经发生了转变，主要为科技实力。国家的安全建立在强大的科技实力和不断创新的科技能力之上。传统安全观侧重于军事安全，而现代大安全观已经不仅限于军事安全，还涵盖了经济安全、社会安全、文化安全等多个领域。科技的实力与创新能力对于保障经济、金融、军事、生态环境等多个领域安全具有关键作用。一个国家在世界政治经济舞台上的地位，很大程度上取决于其科技实力和高科技水平。世界科技格局中的几个主导势力已经成为全球政治经济格局的主导力量。如果缺乏强大的科技能力，就无法确保一个国家在新世纪的安全。

在全球化、信息化和知识化时代，一个国家的核心竞争力和主权受到了与工业时代不一样的实力基础与特征标准的影响。在工业时代，我们的物质实力主要侧重于以 GDP 为核心，我们在这方面取得了巨大的发展。然而，在信息时代中，国家的主要竞争力在于其具备的整体的知识创新、技术创新和高新技术产业化能力。这一项是衡量所有国家综合实力与核心竞争力的指标中最重要的。在这方面，我们与发达国家相比仍有不小的差距。根据实践证明，当今国家安全的实现主要依靠科技方面的创新，通过现代科技装备的投入和现代金融的支持，经济得以持续、稳固和不断发展。缺乏高科技支持的经济很容易陷入危机。当今，新兴产业革命和知识经济对于经济的提振和促进有着重要作用。同时，抗风险产业也在国家经济的振兴上有着举足轻重的作用，保证国家安定。抗风险产业是指以先进科技为支撑，注重知识密集型产品和服务的研发和创新，具备国际竞争优势和宽广

① 中华人民共和国司法部. 必须向科技创新要答案——习近平总书记推动科技自立自强战略擘画[EB/OL].（2023-05-29）[2023-07-10]. https://www.moj.gov.cn/pub/sfbgw/gwxw/ttxw/202305/t20230529_479691.html.

的市场空间，并且有着可观的市场规模与较好的经济成效。该产业极具竞争力，具有一定稳定度和可持续发展空间，具备一定的创新性。这种以先进技术为基础的行业，不仅符合产业革命的发展需求，还符合市场趋势的基本方向，成为保障经济安全和国家安全的重要新手段。

第三节　科技创新的文化功能

一定社会群体和组织的共同价值理念构成了文化，文化的核心是一种价值观。在特定文化环境中，才能展开科技创新；同时，科技创新的发展也会对该文化环境的形成产生影响。科技创新的发展能更新人们的文化观念，促进企业文化建设，同时还能推动现代文化产业的发展。

一、科技创新更新人们的文化观念

文化观念是指人们对文化所表达的一种态度与价值观，文化观念会对人们的价值观、行为准则产生影响，这种影响是通过多种途径实现的。科技创新是一种看不见的力量，它影响着人们的文化观念，随着时间的推移进而导致传统文化观念的变迁。之所以产生这一结果，主要是因为文化观念的产生是人们通过认识客观世界的成果，并对其进行归纳、总结和传承而来，并不是人们凭空产生的。可见，科技创新不仅能拓宽人们认知的边界，还会进一步增进我们对自然界的深刻理解，促进文化观念的变革和更新。由于受人类科技创新水平的限制，在神话基础上形成的文化观念与客观世界是相悖的，它是一种对世界臆测的、扭曲的反映；相反，以科技创新成果为基础的文化观念，才有可能是正确的和富有成效的，才可以发挥潜移默化的作用，引导人们的精神生活世界。

科技创新有助于消除人们对自然界的误解，以此消除人们之前存在的错误的文化观念。科技创新可以帮助我们更全面地认识自然规律，拓展我们的文化视野。借助这些新的知识和理解，我们有机会孕育和创造能够反映现代精神的全新文化观念。现代科学的发展对宗教文化观念有深远的影响，比如日心说的提出直接否定了上帝创世说。进化论的出现从根本上否定了神创论的基础理论。通过科技创新，人们的社会价值取向发生了变化，具体表现为由宗教是社会的价值评判标准变为科学是社会的价值评判标准，科学家以无畏的勇气成为广大群众效仿的榜样，而冒险的精神在这个时代则成为人们的一种信仰。随着现代科技的飞速发展，人们的生活节奏也在逐渐加快，人们也渐渐形成了珍惜时间的观念，同时在科技的影响下人们的文化观念也在加速更新。在现代科技的影响下，社会功能也在逐渐变强、变大，由此人们形成了尊重科技、人才的观念。现代科技的快速发展，极大地提升了人类的生产力，使得人们有更多时间用于研究和探索精神文化领域，这也导致了人们相比于物质价值，更加看重精神和文化方面的价值。现代科技拓宽了人们的就业选择范围，让他们更容易在新的职位上充分展示自己的天赋，挖掘自身更大的潜力，进而提升自我认知，增加自我价值感。

二、科技创新促进企业文化建设

企业的科技进步和现代产业的发展离不开科技创新的支持和推动。企业的科技创新体现在多方面，如构思、研究、开发、中试、新产品试制、生产、推广、服务以及市场调查等多个方面。每个步骤都需要人参与，这对于塑造企业文化和价值观有着深远的影响。

（一）科技创新形成了企业价值观

企业价值观是企业的共同信仰和核心理念，体现在指导企业研发、生产和经营管理中的行为准则。通过企业的价值观能看出企业的根本追求、宗旨与精神归宿。企业的价值观是通过科技创新的价值取向、创新目标和发展方向来体现和塑造的。

首先，确定创新方向，即从创新设想中筛选出最具前景的发展方向。企业的价值取向必须符合时代发展的新潮流，以策略性的眼光把握科技趋势和市场机遇，使其价值导向以市场为中心，注重满足客户需求和反映时代特征的创新方向。因此，企业必须持续向市场推出新产品，如产品可以具备优、新、廉、奇、特等特点，通过这些产品引领市场发展趋势并满足客户需求。正如海尔集团公司首席执行官张瑞敏说："用户永远是对的。"[①] 要想让产品能满足用户的需求，就需要产品的创新符合用户的心理需求。如产品外观美、使用便捷、价格优良、性能更强、服务更完善等。可见，企业要想在市场中长久地发展下去，就应该把用户需求与社会利益作为产品科技创新的首要目标。

其次，企业在创新过程中，要以技术领先为目标。企业竞争包含多种因素的竞争，其中竞争级别最高的因素就是科技创新。企业要想保持自身的竞争力，就需要研发新技术。高质量、高起点、追求卓越是科技创新的发展方向，要想在创新中满足这些要求，就需要企业不断修改并完善方案的技术经济指标参数与工艺方法。另外，在"追求卓越"的意识驱动下，我国企业的价值观和奋斗精神变成了不断提高效率、创新发展，始终以满足社会和客户需求为己任的观念。由此可见，科技创新有效地促进了企业价值观的塑造。

（二）科技创新培育了企业精神

企业文化的核心是企业精神。企业精神通常是由企业家倡导，企业员工自觉践行而形成的先进文化价值观，企业精神是企业在传承企业优良传统的基础上，积极经营与发展中出现的。它就像一面旗帜激励和引导员工的意志和行为，展现了企业的独特个性、与时俱进的特色和民族文化的独特特点，同时，企业精神也是企业科技创新的动力和能量来源。

企业精神是从科技创新的复杂、艰难、曲折的长期过程中形成和培育的。企业的科技创新经常需要经过多个步骤，一开始需要发现科技和市场机遇，以此激发创新的热情，然后逐渐形成一个想法和计划，之后企业会开展讨论和调研，鼓励员工集思广益、发挥创造力，从而提出可实施的方案，最后经过对方案的不断完善，方能形成一个最佳方案。

企业的科技创新离不开各个部门的协调配合与良好的合作。因此，开展创新实践必将促进员工之间形成团结合作、相互协助的精神，从而推动科技创新的顺利开展。在企业的科技创新中会面临技术实力的不足、资金紧缺、设计图纸和制

---

① 李帅达．海尔凭什么赢：成就海尔的 59 个经营细节 [M]．哈尔滨：哈尔滨出版社，2018：202.

造工艺、设备的矛盾等等多种挑战和不协调的因素。为了取得创新的成功，员工需要不怕困难、勇往直前的精神，积极克服困难化解难题。在这种情景下，进而为企业提供了一批高素质、富有战斗力的员工队伍。在科技创新不断发展的过程中，企业的领导和员工需要对市场的发展与变化有着高度警觉，以便企业可以根据市场的变化及时调整创新策略，稳占先机，让创新产品快速占领市场。

显而易见，科技创新在企业文化建设方面发挥着重要、深远、有效的作用。在科技创新的推动下，企业文化得到更新升级，同时也促使着企业整体素质与实力的提升。

三、科技创新推动现代文化产业的发展

信息技术及其产业的发展在 21 世纪初期经历了巨大的波动，即从发展的高峰跌落下来。其中表现最为明显的就是美国，美国的网络企业、信息技术企业与电讯类企业在这一时期面临着极大的困境。高科技产业发展的好坏趋势都需要根据纳斯达克的股票指数决定，然而在这一时期，纳斯达克的指数一落千丈，从 5000 多点下落到 1300 点左右，这种股票指数骤然下降的变化，使得那些想通过股票而暴富的科技企业经营者梦想破灭，投入股票中的金钱也化为乌有。然而这一现象在近几年得到了改善，信息产业不仅由低迷走向复苏，还与生物技术、纳米技术共同发展，引起了新一轮的科技革命。信息技术及其产业的再度崛起，引发了全社会和业界的广泛关注。在信息产业发展低迷的时期，谷歌用了不到四年的时间，成为全世界互联网上的广告商巨头，并持续至今。在 2005 年 6 月 7 日，它的市值在当日收市时达到 800 亿美元，一举超越美国“时代华纳”成为全球最大的传媒公司。至 2023 年 5 月 24 日，其市值已高达 1.56 万亿美元，已是世界范围内市值第四的企业了。[①] 我们可以从谷歌的崛起中学习经验。

2023 年 5 月 23 日，国家互联网信息办公室发布《数字中国发展报告（2022 年）》（以下简称《报告》）显示，2022 年数字中国建设取得显著成效，其中数字经济成为稳增长促转型的重要引擎。《报告》指出：2022 年，我国数字经济规模

① 百度. 世界各上市公司市值最高的 10 家公司，他们值多少？ [EB/OL].（2023-05-24）[2023-07-10]. https：//baijiahao.baidu.com/s？ id=1766739273835183949&wfr=spider&for=pc.

达 50.2 万亿元，总量稳居世界第二，同比名义增长 10.3%，占国内生产总值比重提升至 41.5%。[①] 根据上述数据分析，数字经济的发展明显表明科技创新在文化产业中起到了引领作用。伴随着技术的快速发展，社会上也在不断涌现出新的产品，并且人们的娱乐方式也会随着技术的发展，由传统娱乐变为数字娱乐。同时，由于现代产业的快速发展，也会给科技创新提出新的要求与挑战。科技创新在推动文化产业发展方面扮演着至关重要的角色，而且其主导地位还将不断巩固加强。在新世纪中，文化科技化趋势日益增强，科技与文化协调发展也变得愈发重要。

第四节 科技创新的生态功能

科技创新在给人类带来福祉的同时，对于人类生存环境的破坏也越来越明显，引发了日益严重的生态问题。因此，人类要变革传统科技创新模式，实现科技创新生态化转向，就要充分发挥科技创新的生态功能。科技创新的生态功能是指，在科技创新的不断发展中，人们将会注重环境保护的重要性，从而慢慢消除科技创新带来的负面效应，同时也会在科技创新过程中实现对资源产出与使用价值的提升，进而让经济社会达到可持续发展的目的。

一、科技创新是建设资源节约型社会的动力之源

（一）科技创新可提高资源的有效产出

人类要想实现可持续发展，必须保证自然资源能可持续利用。人类在创造和积累物质财富时，离不开对自然资源的消耗。但是自然资源总归是有限的，因此，人类的发展与自然资源的消耗就成了无限的矛盾。在某种程度上看，之所以提出可持续发展理念，是因为人类需求无限与资源有限这一矛盾会影响到人类社会的发展。对于这一矛盾的解决，既是可持续发展理念的核心，又是可持续发展理念

① 中华人民共和国国家互联网信息办公室．数字中国发展报告（2022 年）[EB/OL].（2023-04-27）[2023-07-10]. http://www.cac.gov.cn/rootimages/uploadimg/1686402331296991/1686402331296991.pdf.

需要努力探索的重要课题。

在人类社会的发展进程中，人类不会遏制自己的正常需求，同时也不会在物质财富上减少消耗与创造，而是选择一个正确的方法解决这一矛盾，即在提高资源利用率的同时，确保创造的财富得到增加，而不增加资源投入。这种方法是解决人类需求与资源限制矛盾以及实现可持续利用自然资源的现实方案。

从一定意义上讲，人类社会物质财富的生产和创造过程也是自然资源由一种形态向另一种形态的转化过程。在这个资源转化过程中不可避免地存在着一定量的资源损耗，但这种损耗的量不是绝对不变的，而是由生产技术水平决定的。生产技术水平高，损耗就少，反之就会增加损耗。因此，人类需要依靠科技创新来提高资源利用效率，以实现用尽可能少的资源创造更多的物质财富的目标。从过去的发展过程来看，科技创新在解决这一矛盾上，是一种非常有效的方法，它可以提高自然资源利用效率，从而实现自然资源的可持续利用。

（二）科技创新可扩展资源的利用价值

科技创新可以“变废为宝”，自然资源的利用价值总是随着科技创新的发展而不断扩展。由于科技创新的推动，许多过去被认为是无用的废弃物今天成了我们的能源和资源的主要来源。随着科技创新发展进程的推进，人们对资源的认知和利用也经历了不断地深化和复杂化的过程。对资源的利用认识主要经历了三个层次：第一层次是直接利用的显性价值；第二层次是对资源的简单开发利用；第三层次则是多重开发利用隐性价值。下面介绍煤的三个层次：第一层次，煤的直接利用，通过燃烧煤获取热能；第二层次，开发煤，主要是将煤炭炼为焦炭，焦炭能代替木炭成为炼铁业的原料；第三层次，煤的隐性价值，利用煤化工技术，提取煤炭中的化工产品，从而扩展煤炭的应用价值。

目前全球经济发展的实践表明，只有通过科技创新，才能最有效地扩大资源的利用价值。近年来，许多国家已将推动循环经济发展视为实现经济社会可持续发展的重要策略，从而最大限度地高效利用和循环利用资源。要实现循环经济，需要建立全新的产业技术体系。总而言之，人类可以通过这些自然界中的资源进行开发利用，从而支撑人类的生存与发展。世上没有废弃物，就算有，也只是将其放错了位置。人类社会的发展进程就是人类通过使用科技创新的手段，适应了不同资源性质的变化和需求。因此，科技创新是扩大资源利用价值的最佳途径。

（三）科技创新可促进新资源的开发利用

人类对自然资源的认知和价值评估受到了科技创新水平的限制。人类以有效性为标准来衡量自然界，也就是评估其自身的生存条件。自然资源是指自然界所拥有的物质和元素，它们具有一定的经济和社会价值，可以被人类利用。资源的有限性和稀缺性意味着，由于时间和空间上的限制，无法将这些要素转为可利用的资源。通常情况下，主要有三种形式：第一种形式是指人类目前还未知晓自然环境中许多元素的用途。第二种形式是，人类知道一些环境要素，并且这种环境要素对人类来说是有用的，但是人类没有能力去有效地利用它们。例如地下的一些矿藏因为难以采集到，在开采技术无法触及的情况下只能放弃；或者因为品位过低、成分复杂等原因，难以利用。第三种形式是，以目前的水平来说，人们无法对那些自然灾害加以利用，也无法避免自然灾害带来的破坏。例如飓风、海啸、地震等自然灾害。这都表明人类在对自然资源进行价值评估时，会在一定程度上受科技创新水平的影响，并且这种影响是巨大的。因此，要想进一步改变人类对自然资源的价值评估，只能通过科技创新来实现这一目的。

通过科技创新，人类对自然资源的价值评估也发生了改变，并且科技创新是转变这一现状的根本手段。对于自然的认识与开发利用，还需要人们逐步深入探究，尽管人类目前还有没有认知到的事物，但这并不代表着以后不会认知到；尽管现在有不能利用的自然灾害，但这不代表以后不能对其进行利用；还有现在不能用的自然资源，不代表以后也不能用。随着人类社会的发展，人类可以通过科技创新实现上述的目标。人类也可以通过科技创新，将现有的未知资源或者已知但无法开发利用的资源，转化成实际可用的资产，从而不断增加可供人类利用的资源种类和数量。

二、科技创新是建设环境友好型社会的有效手段

科技是一把双刃剑，科技创新的发展也是如此，科技创新虽然推动了人类社

会的快速发展，提升了人民的生活水平，但它也为人类的发展带来了危机，并且这种负面的影响日益凸显。科技的发展引发了许多问题，如温室效应、环境破坏、物种灭绝、高科技罪犯等，这些问题的出现严重影响了人们的日常生活与生产。以汽车为例，汽车的发展虽然为人们的出行带来了方便，但汽车排放的尾气是大气的主要污染源，同时，汽车的尾气加剧了温室效应。温室效应的加剧加速了冰山的融化，使得海平面呈现出逐渐上涨的趋势，这种变化会引起更多自然灾害的发生。还有汽车的普及与购买人数的增加，同时还有公路网与停车场的大力建设，占用了大量的农田，造成了人类与汽车争夺地盘的尴尬局面。同时，汽车数量的上涨，使得交通拥堵成为家常便饭，随之而来的是交通事故的发生。可见，科技创新的发展，虽然便利了人类的生活，但其带来的各种问题也在渐渐显露出来。

可以说，现在生态危机已威胁到人类的生存，似乎“喝上干净的水、吃到放心的食物、呼吸新鲜的空气”已成了一件可望而不可即的奢侈事情。生态危机伴随着科技创新而来，也必然只有通过科技创新才能消融。

一是可以大力发展环境污染治理技术，通过发展这一技术，净化人类的生存空间。人类在创造生产物质财富的同时，势必会产生污染物，而这些污染物只能排到大自然中，进而会造成环境污染。自然界本身具有一定的自净能力。在一定的污染限度内，自然界可通过微生物降解等方式处理污染物，将其对人类的危害降至最低限度。但如果污染物的排放强度超过了自然界的分解能力，则可能对人类造成危害。因此，为了人类的可持续生存与发展，我们应该减少污染物的排放量，做到生产发展，污染物不增甚至减少。达到这一目的的有效方法是进行科技创新，开发出对这些污染源进行治理的新技术。目前，我国污染状况相对严重，许多企业，特别是制造企业由于技术水平低、生产工艺落后，走的依然是一条高消耗、高排放、高污染、低效益的“先污染、后治理”的路子。因此，在对这些企业进行升级改造的同时，我们需要特别注重最终环节的治理工作，以减少对环境造成的污染，从而解决当前亟需解决的问题。如空气质量恶化的主要原因是二氧化硫。DS- 低浓度二氧化硫烟气治理技术是一项由浙江企业研发的新技术，它将废弃炉渣、钢渣、粉煤灰等作为脱硫剂，这种方法可以有效地治理空气污染。与传统方法不同的是，该技术可以实现节约资源、减少废弃物排放的效果。此外，通过适当加工，脱硫副产品可以转化为高价值的、含硫丰富的生物肥料，用于土壤改良。

二是发展环境友好技术，减少环境污染事件的发生。环境污染治理是一种末端治理，是一种事后控制，它是在已造成环境污染事实的情况下发生的，这当然只能作为一种权宜之计，不是一种治本之策。要想解决环境污染问题，只有开发出环境友好技术，提高生产工艺的技术含量，从源头上减少企业排出的污染物，从而在源头上解决问题。环境友好型社会的建设，离不开创新环境友好技术的支持，在环境友好型社会的建设进程中，要积极推进绿色制造与清洁生产技术，推广使用高新技术，构建安全、高效、清洁的技术体系，从而减少材料、资源、水资源、土地的浪费，进而为实现发展模式的转型奠定基础。以上这些都是实现环境友好型社会建设的重要举措。有机农药的使用虽然能有效除去稻田中的野草与病虫害，但农药的使用会对水资源造成污染，同时，由于农药会停留在稻田中，人们在食用稻米后，农药也会进入人类的身体，由此会引发各种疾病。针对这一情况，日本一位著名教授长岛孝行，开发出了不使用农药也能保障稻田优良生长的技术，这一技术有着十分广阔的发展前景。即在稻田中引入甲壳虾，甲壳虾是除草除虫高手，它有着十分强大的繁殖能力，并且它的卵子可以保持长时间的休眠状态，因此，在稻田中引入甲壳虾后，就会一直存在于这片稻田，之后也就不需要在稻田中使用任何除草与杀虫工具了。

三、科技创新是实施可持续发展战略的理想选择

（一）科技创新在可持续发展中居于关键性地位

只有依靠科技创新的力量，才能坚持走可持续发展道路。对于科学技术的利用，只有当人们能合理并适当地利用时，才能为人类造福，否则只能给人类带来消极的影响。可持续发展也就是社会、经济和生态的和谐发展，要想实现这三种系统的和谐共生，只有通过多方协作才能实现，如政治、经济、文化教育、科学技术、法律和道德等诸多社会领域，在这些力量中，科技创新的角色尤为关键。随着时间的推移，在经济发展领域中，科技作为第一生产力越来越能显示其独特

的作用。现代科学技术的进步极大地提高了生产效率，在19世纪产业发展中，有20%的工业由科技推动，20世纪已上升至80%。随着21世纪的到来，科技的作用将更加显著，其贡献将难以估量。科技创新带来的好处不仅在于推动经济增长，还在于促进产业结构变革，即由原先的粗放型经济增长模式转向集约型经济增长模式，同时大大提高了劳动生产率。依靠科技创新，极大缩短了科技创新带来的成果变为现实生产力的周期。科技创新所带来的成果已经成为推动经济发展与社会进步的重要力量。

人们仍在努力研究探索如何正确地平衡科技创新和经济增长之间的关系，以充分发挥科技创新所带来的积极作用。要治理环境污染，就必须研制出专门应对治理的高新技术，唯有依靠科技创新才能实现这一目标。针对资源紧缺问题，我们可以从开源和节流两方面着手。为了更好地利用资源并促进资源的回收再利用，我们需要充分发挥科技创新的作用，并采取科学的开发方式来有效地利用这些资源。除此之外，对于不可再生资源，应积极开发替代品，从而维持人类的持续发展。科技创新引领着社会的发展，开创了一个全新的人类社会：人们的生产和生活方式随之发生了翻天覆地的变革；人类文明的进步；交通运输方式的改善；随着时间的流逝，通信网络和计算机网络不断地改进和发展；随着时间的推移，医疗卫生技术得到了不断的改进和提升；适宜的居住条件和环境等。由此可得，科技创新提高了人们的生活质量，确保了社会的可持续健康发展。这说明科技创新不仅可以促进社会、经济和生态的繁荣，还必然有助于整个系统的协调发展和实现可持续发展。

（二）科技创新是经济可持续发展的强大动力

人类的生存和发展离不开科技创新，而经济的可持续发展则以科技创新为关键支撑。缺乏科技创新的支持将阻碍可持续发展目标的实现。每个领域的经济发展都会受到科技创新的影响。如随着科技创新的进步发展，人们可以利用科技拓展可开发的自然资源领域，提高资源综合利用效率和经济效益，从而推动经济管理水平的提升，深化人类对自然规律的认知。又如产业结构的优化可以通过科技创新来实现。经济可持续发展要求产业结构向高级化方向转变。科技创新的发展需要经济社会调整旧的产业制度，建立新的结构关系，进而实现经济的持续发展，改变现有经济发展模式。科技创新也可以促进经济更加均衡地增长，并提高经济的可持续性和发展能力。

（三）科技创新是社会可持续发展的重要基石

科技创新不仅能推动社会的综合发展、自然的协调发展，还能推动人类社会的进步，这一切都依赖于科技创新的自身能力。科技创新之所以在社会可持续发展中占据着十分重要的位置，是因为它蕴含着多种理论知识，如世界观、价值观、科学精神与伦理学规范等。

科学的自然观是人类文明的一个重要特征。自然科学的发展对整个社会都产生了深远的影响。自然科学的认知是辩证的。每一次重大的突破都会对社会带来深刻的影响，都会引起哲学上的理性思考，必然也会对陈旧的社会观念提出质疑与改变，并引导一种新的科学观念出现。在自然科学的帮助下，人们能突破固有思维的限制，从而促进社会科学的进步。

经济和社会之所以能一直发展进步，是因为其背后有科技创新的支持。正是因为科技创新的不断发展，人类才能实现对自然资源的合理开发与利用。因此，对于科技创新与经济社会的发展来说，将科技创新的可持续发展与经济社会的可持续发展相结合是十分必要的。

第三章　我国科技创新体系建设的回顾

本章主要介绍了三个方面的内容，依次是我国科技创新体系建设的发展历程、我国科技创新体系建设取得的成就、我国科技创新体系建设面临的主要挑战。

第一节　我国科技创新体系建设的发展历程

国家改革开放政策的实施，有利于我国创新体系的建设，随着科技体制改革的深入推进，该体系不断得以优化完善。改革开放中的科技体制改革和创新体系建设为推进经济建设等多项事业的发展提供了制度支持，对于其发展发挥了至关重要的促进作用。

长期以来，我国的科研机构与企业都是相互独立的，对于研发任务，主要是由科研机构承担。科研机构负责研发工作，对于技术的推广主要由国家完成，同时，国家还会无偿向企业推广宣传技术成果。企业则往往将注意力放在生产制造上，几乎不涉及开发，仅有的开发也只是改进实验生产过程中涉及的相关技术。随着社会的发展，计划经济也在转变发展方向，由以前的计划经济变为市场经济，同时，在这一转变过程中，逐渐认识到了科学技术才是第一生产力，也认识到了发展经济需要依赖科技，而科技的研究也必须面向经济建设方向。在这些政策的指引下，我国科技经济体制的发展也在不断深化，创新体系建设也在逐渐向好的方向转变。

一、政府主导时期

在改革开放前期，国家科技创新体系主要采取“政府主导模式”，这一模式的特点主要表现为以下几点，一是由政府直接掌控，各组织按照功能和行政隶属分工明确的方法管理；二是创新的动机是出于国防安全和国家认为经济发展与社会发展的需要；三是在创新决策的制定上，主要是由各级政府进行；四是对于创新中的资源的投入与使用，应严格按照计划分配，同时，政府是资源投入的主体；五是实施科技创新的人或组织旨在达成政府任务，而与他们所取得的创新成果无直接关系。除此之外，他们也不愿意冒险尝试新创意，以免遭受失败的风险和经济损失，这种策划能够促进在有限的时间内，有条理、高效地调集人力、物力和财力，推动重要科技创新项目的开展。

二、科技体制改革的准备和探索时期

党的十一届三中全会在 1978 年 12 月举行，此次会议的召开意味着我们的党和国家进入了一个辉煌伟大的历史新时期。在十一届三中全会上，不仅明确了全党工作的重心——建设社会主义现代化，同时还决定实施改革开放政策。此外，会议提出采用世界先进的技术和设备，以加强科学和教育工作，从而加快实现现代化目标。

全国科学技术大会的召开时间为 1978 年 3 月。在此次会议上，邓小平提出了科学技术是第一生产力，科技人员属于工人阶级的一部分，这些观念的提出，为科学技术的发展扫清了障碍。邓小平还指出，“四个现代化，关键是科学技术的现代化。没有现代科学技术，就不可能建设现代农业、现代工业、现代国防。没有科学技术的高速度发展，也就不可能有国民经济的高速度发展”[①]。因此，也对科技发展和经济发展的关系有了明确的认识，即两者是密不可分的关系，并确定了科学技术与经济发展相互融合的方向。遵循全国科学技术大会的原则，致力于开展常态化教育和科技活动，促进科技和教育领域的改革加速，为全国改革开放的进一步发展提供帮助。

（一）恢复高考

在科技发展的恢复期，首先恢复教育，抓人才培养。邓小平指出“科学技术

① 邓小平．邓小平文选 第 2 卷 [M]．北京：人民出版社，1994：40.

人才的培养，基础在教育”[①]。在邓小平同志的建议下，1977年8月，教育部组织召开科学和教育工作座谈会。1977年10月12日，国务院批转了教育部制定的《关于1977年高等学校招生工作的意见》，提出废除推荐制度，恢复文化考试，择优录取。10月20日，中央人民广播电台和各大报纸，将这个重大消息公之于众。1977年12月16—18日，全国有570多万人报名参加了恢复后的第一届考试。经过考试，共录取大学本科生18万人，大专生3万多人，正式中专生5万余人。[②]

（二）提出科技工作发展目标

《全国科学技术发展规划纲要》的草案明确规定了八年的科技工作目标，一是在关键的科技领域达到或超越70年代的世界先进标准。二是重点研究开发计划。三是关于人才的培养方案。在科学专业领域，人数从36万增长到了80万。在接下来的八年时间里，会逐渐增加研究生的比例。高等学校以及中等专业学校要想更好地适应现代科技进步的需要，就必须对专业作出调整与优化。未来八年内，应致力于向科研机构提供20万名以上大学毕业生，同时还应培养超过20万的具有科研能力的人才。四是要有一个前沿的科研和实验环境。五是健全国家科技研究网络。加强科研机构规范与建设，必须坚持全面规划，强化关键领域，合理设计，发挥中央与地方两个优势等基本原则。

（三）国家增加对科技的投入

这一时期，我国的科研机构发展之快，数量之多，在世界上是罕见的。至1985年底，全国独立科研机构的数量已达4690个，1986年升至5271个，基本形成了由中科院、产业部门、地方科研机构、高校科研机构、国防科研机构和企业科研机构六大系统组成的科研体系，民营科研机构也在发展中。[③]

（四）改进科研管理

① 邓小平．邓小平文选 第2卷[M]．北京：人民出版社，1994：95.

② 陕西师范大学．1977：恢复高考，知识改变中国[EB/OL]．（2021-04-07）[2023-07-10]. https：//dangshixuexi.snnu.edu.cn/info/1008/1287.htm.

③《中国科技发展研究报告》研究组．中国科技发展研究报告2000 科技全球化及中国面临的挑战[M]．北京：社会科学文献出版社，2000：50.

优化科研管理，充分发挥专家的才华和贡献作用。1978 年，全国科技大会发布了一项声明，指出科技研究机构应该实行党委领导下的所长负责制，同时还要建立技术责任制。另外，也清晰地规定了科研机构的职责和评估准则；科学研究机构的主要职责在于创造出高质量的科技成果和培育出受人尊敬的科技人才。这要求这些科学研究机构不仅要在各个方面都创造出成果，而且要在推广科技人才方面做好充足的准备。衡量科研机构党委工作的表现，关键在于看它是否能够有效履行这个主要任务。

（五）科技人员自发兴办企业

全国科技大会在会议中明确了科技工作与科技人员的重要性。这一肯定，激发了众多科技工作者的工作热情。同时，这些专业人才为了研究如何通过创业实现科技成果的转化，积极借鉴国外经验。在北京市科学技术协会的支持与帮助下，中国科学院物理所的一些人员建立了“北京等离子先进技术服务部”，其建立时间为 1980 年 10 月 23 日，建立人员是物理所的研究员陈春先、电气技师崔文栋和工程师纪世瀛。他们所成立的技术服务部主要是面向社会提供商业化的技术服务。在接下来的几年内，一些来自中科院以及北大、清华等高校的研究人员开始投身于创业之中。到了 1987 年底，中关村地区孕育出了大量科技类企业，因其多样性而被人戏称为“电子一条街”。其中最为著名的有北大方正、联想、清华紫光等企业，这些企业就是在这一时期的中关村中诞生的。

三、有组织、有领导地开展科技体制改革时期

1985 年 3 月，中共中央《关于科学技术体制改革的决定》（以下简称《1985 年科技体制改革的决定》）提出了科技体制改革的目标、任务和措施。确定了“经济建设必须依靠科学技术，科学技术工作必须面向经济建设”的战略方针；提出尊重科学技术发展规律，从我国的实际出发，对科学技术体制进行坚决地、有步骤地改革。其改革目的是“使科学技术成果迅速广泛应用于生产，使科学技术人员的作用得到充分发挥，大大解放科学技术生产力，促进科技和社会发展”。

在 1987 年的 10 月份，举行了中国共产党第十三次全国代表大会。“十三大”

的核心任务是推进改革的加速和深化，确定了经济、政治方面的基本方针。在经济体制改革方面，坚持公有制主导，积极推动商品经济发展。促进全民所有制企业发展，需要注意的是，这一举措要遵循所有权和经营权分离的原则。在分配制度上，主要实行以按劳分配为主体、多种分配方式并存的方式，并鼓励一部分人先富起来，之后实现共同富裕。同时，在以公有制为主体、多种所有制经济共存的基础上，发展承包制度，尝试实施股份制。除了积极促进商品市场发展之外，我们也需要推进社会主义市场体系的建设和发展。这包括建立各种生产要素市场，如资金、劳务、技术、信息和房地产市场。

这一阶段的科技体制改革和创新体系建设侧重于以下几个方面，其指导思想与国家总体经济体制的改革相适应。

（一）改革政府财政科技拨款制度

改革政府的财政科技拨款制度，为科研机构和科技人员赋予更大的活力和自主权。在这个时期，科研机构的改革方针是：堵住一头，网开一面。堵住一头就是在科研机构上减少其事业费，计划在未来五年逐步减少事业费的支出，以逐步减少或停止拨款，从而让科技人员走进市场，让科技人员与企业和生产结合得更紧密，提高研发活动的市场导向性。网开一面就是在技术市场上持开放态度，促进不同类型的科研成果实现商业化转化。鼓励科研机构进入大型和中型企业中，以促进这些企业提升研发能力。近年来，国家对科研单位的管理方式有了新的变化。政府不再直接控制科研机构，而是扩大它们的自主权，自行制定科研计划。此外，政府还支持科研、教育和设计机构与生产企业合作，根据企业的实际需求进行开发。

1988 年 5 月，国务院做出《关于深化科技体制改革若干问题的决定》，其中明确提出深化科研机构改革的方向，主要有以下三点：一是要鼓励、支持科研机构探索多元化的经济渠道，开展新型的科研生产运营方式；二是鼓励科研机构引入竞争机制，积极探索采用承包经营责任制，将科研机构的所有权与经营管理权分离；三是支持科技人员去创建、领导或租赁中小企业和乡村企业，可以通过调离、辞职、停薪留职和兼职等方式来实现这一目标。

（二）鼓励企业增加科技投入

科技资金来源多样化的同时，企业等社会组织对科技的投入不断加大，这种转变打破了以研究机构为主的研发模式。积极鼓励社会各界增加在科技方面的投入，尤其是要加大企业在科技方面的投入力度。《中华人民共和国科学技术进步法》于 1993 年出台，该文件规定了全国研究开发经费（R&D 经费）应该有一定支出，并且应该在 GDP 中占据适当的比例，之后还要逐步提高它在 GDP 中的占比。应该积极鼓励企业加大对研究开发和技术创新的投资力度，为了更好地推行这一措施，应该将技术开发所需的费用融入成本中，根据实际产生的费用重新计算成本。同时，在信贷方面也应提供相应的资金支持，即国有金融机构可以为科技成果转为商品化提供支持。1992 年，全社会科技经费筹集中，企业的份额开始超出政府。1994 年，企业 R&D 支出达全社会的 43%，高于科研机构。①

（三）对科研院所的经费实行分类管理

对科研机构的经费进行分类管理，国家财政经费的使用重点由支持人员开支转为维护研究人员队伍和增加研发项目支持。根据《1985 年科技体制改革的决定》，针对不同科研机构从事科技活动的特点，对其进行科研试验费的分类管理。这可以归纳为五个不同的类别，其中涉及科研机构和科技活动的方面。一是五年内，将逐步减少主要从事技术开发的应用技术研究机构的事业费用。二是指科研机构从事公益研究和农业科研时，国家仍会提供事业费用，并采取经费包干的制度。三是针对主要从事基础研究的科研机构，政府将实行科学基金制度，该制度主要依靠国家预算拨款提供资金支持。四是从事研究工作的类型较多，因此对于经费的获取，就可以根据具体情况，从不同的途径获取经费。五是设立创业投资项目，旨在帮助那些在高新技术开发领域中变化大，且风险较大的工作。

（四）建立国家科技计划体系

1985 年《中共中央关于科技体制改革的决定》提出：“中央和地方财政的科

---

① 经济评论．吕薇：我国创新体系的演进 [EB/OL].（2021-11-15）[2023-07-10]. http：//jer.whu.edu.cn/jjgc/10/2021-11-15/5346.html.

学技术拨款，在今后一定的时期内，应以高于财政经常性收入增长的速度逐步增加。同时，广开经费来源，鼓励部门、企业和社会集团向科学技术投资。”

在这一时期，政府增加了对科技投入的力度。国家积极在科技研究方面开展了多项重要计划，并建立了国家科技计划体系，主要涵盖各个领域，如基础研究、技术攻关、科技技术的推广、科技成果的转化等。同时，国家还成立了自然科学基金，主要是用于支持基础研究。同时还设立了一系列重要计划，如支持科技成果产业化的计划，有“星火计划”“火炬计划”；还有用于支持高新技术研究与基础性应用的计划，有“863 计划”“攀登计划”。1987—1994 年，政府财政科技经费筹集额年平均增长率为 18%；1989—1994 年，政府财政科技拨款平均年增长 13.2%，中央政府的财政科技拨款的平均年增长率为 19.5%。①

（五）实施专利法

在制度建设上，应该加强对专利法的贯彻执行，制定技术交易的规则，渐渐地就会形成利益机制，从而促进技术成果的转化、利用。同时还颁布了《中华人民共和国专利法》，其具体实施时间为 1985 年 4 月 1 日。该《中华人民共和国专利法》的颁布大大保障了发明人与投资者的利益，同时也保障了技术成果产权化。在专利申请方面表现得尤为明显，在《中华人民共和国专利法》实施后的不到半年的时间中，国家专利局受理的专利申请达到了 10751 件。此外，在同年还颁布了《中华人民共和国技术合同法》及与之相关的实施条例。该法律法规的颁布为技术的开发、咨询、转让、服务等诸多方面提供了法律依据，此外，在该《中华人民共和国技术合同法》中还提出了为技术交易的收入实施免税政策。这一系列政策法规的颁布，推动了技术合同数量与金额的上涨。1988—1994 年，登记的技术合同年成交额从 72.49 亿元增加到 228.87 亿元。②

① 朱丽颖．国家创新体系中企业技术创新与政府行为研究 [M]．沈阳：东北大学出版社，2014：23.

② 国家统计局，国家科学技术委员会．中国科技统计年鉴 1994[M]．北京：中国统计出版社，1995：291-292.

（六）建立高新技术开发区

在有限的地域内试验高科技创业企业环境试点，创建高新技术开发区。在计划经济为主导的环境下，初创企业的生存十分艰难，转化技术成果也将变得更加困难，因此它们很难生存。1988 年 5 月，国务院批准在中关村建立新技术产业开发试验区，给予 18 项优惠政策。至 1992 年，全国共批准建立 52 个国家级高新技术开发区。1993 年，区内认定高技术企业 9687 家，全年总收入 563.63 亿元，实现税收 74.5 亿元。[①]1988 年 8 月，科技部开始实施高新技术产业发展计划（即火炬计划），促进高新技术商业化，培育科技型企业。

（七）鼓励通过创业实现科技成果商业化和产业化

政府主导推动创业投资，鼓励将科技成果转化为商业产业，推动创业者实现创新创业。在 1985 年 9 月，经过国务院的批准，中国新技术创业投资公司成立，该公司由科技部、财政部和 10 家大型国有企业出资。此后，许多地方政府投资的高科技公司或机构陆续建立。至 1995 年，全国共有 27 家创业风险投资机构，管理资本总额为 55.2 亿元。[②] 这一时期存在的主要问题为：

一是科技体制在组织结构和运行方式没有进行改革，还是属于由政府掌管的事业单位，其科技体制的改革只是单纯以减少政府拨款为中心，其他方面并没有太多的变动。

二是 R&D 的支出增速快，但它的支出强度却经历了一个由上升到下降的变化趋势。这是因为在这一时期，我国正在一个关键阶段，在这一阶段的主要任务是恢复生产力，并扩大生产规模。企业在这一阶段的发展也仅仅是通过设备引进与技术改造。而那些中小企业由于其难以对引进的技术进行消化吸收，不能为自己所用，所以这些中小企业在 R&D 支出和技术进口方面都不高。

三是如果市场不需要太多的技术，加上企业学习技术的能力也较弱，那么在这种情况下，科研院所要想进入企业是非常难的，并且仅仅依赖技术转移也是难

① 朱丽颖．国家创新体系中企业技术创新与政府行为研究 [M]．沈阳：东北大学出版社，2014：23.

② 王元．中国创业风险投资发展报告 2007[M]．北京：经济管理出版社，2007：1-8.

以在市场中生存下去的。据1993—1994年间国务院发展研究中心和科技部科技发展促进中心进行的调查显示，当时的企业无法承担科研院所进入企业的责任，只有少部分企业能够承担，如石油、石化等全国行业性公司；而在一些行业中的中小型企业对技术难以融合吸收，并且对于技术的需求也比较低，因此，这些中小企业也很难依靠技术转移生存。

四是在知识产权保护与信誉体系没有得到完善，主要表现在科研机构对于转移技术的积极性不高，这是因为科研机构在转移技术时，收获不到公正的报酬，所以那些科研成果只能在大学和科研院所内部利用。同时，这些企业没有市场经验，也缺乏规模优势，因此只有少部分所办与校办企业能实现持续盈利，而大多数的企业只能勉强维持发展下去，甚至有些企业还会面临破产的风险。

五是在资本市场初期，科技成果转化的资金和创业资本供给匮乏，因此，科技活动主要依赖贷款来提供资金支持。

四、逐步建立以企业为主体的科技创新体系时期

《中共中央、国务院关于加速科学技术进步的决定》于1995年颁布，内容主要提出了科教兴国战略。随着时间的推移，一系列改革措施和政策也逐步出台并实施，这些政策措施主要与促进科教兴国战略相配套。

1992年，我国召开了党的十四大，在这次会议中明确了经济体制改革的目标，即经济体制改革应该建立社会主义市场经济体制，从而在国家的宏观调控下，发挥市场在资源配置中的基础性作用。党的十五大在1997年召开，在这次会议上，提出了非公有制经济，并且还提出了要对所有制结构进行改革，实行以公有制为主体，多种所有制经济共同发展的体制。我国在2001年加入了世贸组织，这不仅加快了企业开放与市场化的进程，同时也使得国家在企业相关政策与制度的颁布上，能够与国际接轨。由此，使得我国在科技体制改革方面与创新体系建设方面，能够进入一个规范化与市场化的发展阶段。

（一）建立国家创新体系的框架

国家创新体系框架的明确时间是在1996年，其具体提出的时间是在1999年

的《中共中央、国务院关于加强技术创新，发展高科技，实现产业化的决定》中。在《关于"九五"期间深化科学技术体制改革的决定》中，明确了国家创新体系的基本框架，认为国家创新体系主要分为三个层次：一是具有社会化的科技服务体系；二是以企业为主导，结合产学研发展的技术开发体系；三是科学研究体系，主要以科研机构和高校为主导。

（二）明确企业的主体地位

根据 1995 年颁布的《中共中央、国务院关于加强科学技术进步的决定》，我们应该积极促进企业科技创新，鼓励企业自主进行科技研究和开发，成为技术创新的主要推动力量。在现代企业建设制度中，重视提升企业使用尖端技术的能力和加强技术创新水平是不可或缺的。国家经贸委组织编制的《"九五"全国技术创新纲要》规定了技术创新工程的目标是增强企业的竞争力，同时还推出了激励自主创新的技术进步策略。其主要措施有以下四方面：一是鼓励大中型企业设立研发机构；二是通过税收政策来促进企业 R&D 支出；三是提倡大学、科研机构和企业合作，建立产学研联合组织；四是支持多样化的民营科技企业发展，鼓励他们积极参与政府的科技计划项目竞标。2005 年，我国的 R&D 经费支出总额中来自企业的资金占 67.0%，来自政府的资金占 26.3%，其他方面的资金占 6.6%，企业已经成为我国 R&D 活动的资金投入主体。①

（三）由改革财政拨款制转向科研院所制

"稳住一头"主要是确保基础研究团队的稳定。"放开一片"主要是通过对技术开发和技术服务机构的开放和推动，以及与经济产业展开多种形式、多种渠道的合作，促进经济建设和实现技术创新。企业化经营方式对于应用型科研机构和设计单位的转型非常有益，可以为科技型企业的发展提供帮助。

在《国务院关于"九五"期间深化科学技术体制改革的决定》中，特别强调了独立科研机构和中央部门所属的科研机构是科技体制改革的核心和重点。对于

---

① 中华人民共和国科学技术部．我国 R&D 经费支出特征的国际比较 [EB/OL]．（2006-12-12）[2023-07-10]．https：//www.most.gov.cn/xxgk/xinxifenlei/fdzdgknr/kjtjbg/kjtj2006/201902/t20190226_145256.html.

社会公益型科研机构的改革，应该进行分类改革，一部分机构还是保持原有的运行机制，即实行以事业单位为主的运行机制；另一部分有能力面向市场的科研机构，他们的改革就是转为科技型企业，也可以整体或部分被企业收编，或者转型为中介服务机构，从而能更好地适应市场需求和业务发展。1995—1997 年，分别有 645、372 和 284 个机构进入大中型企业或企业集团，1996 年，已经有 452 个科研机构变为科技型企业。①

1998 年 6 月，经过国家科技领导小组批准，中国科学院开始实施国家知识创新工程。该机构的主要任务是推进改革和发展，调整组织架构和运营方式，以建立一个符合中国特色和国际标准的科研机构体系。它的具体做法是将机构进行分类整合，以优化机构组织结构并缩减机构数量。同时还对人事制度进行改革，实行"按需设岗、按岗聘任、竞争择优、动态管理"的政策；采取重视绩效的分配制度，并对科研预算管理作出改进。

1999 年，原国家经贸委管理的 10 个国家局所属 242 个科研机构开始企业化转制。其中，131 个院所进入企业（集团），40 个转为科技型企业，实行属地化管理；18 个保留事业单位性质，转制为中介机构；24 个并入大学；12 个转为中央直属大型科技企业。2000 年，建设部等 11 个部门所属的 134 个科研机构实行企业化转制。转制后，这些机构主要按照市场需求进行研究开发、技术服务、技术承包和科技成果商品化、产业化活动，也可以通过竞争机制承担政府的研究开发任务。同时，逐步完善社会保障体系等，保障平稳过渡。②

（四）鼓励民营科技企业发展

《关于促进民营科技企业发展的若干意见》于 1999 年由科技部与原经贸委联合下发，它的下发为民营企业的发展创造了有利的环境，主要表现在两方面：一是各级政府要积极与民营企业联合，促进民营企业的发展，可以在科技计划项目、科技发展专项基金、高新技术成果商品化与产业化项目等方面，积极向民营

① 《中国科技发展研究报告》研究组．中国科技发展研究报告 2000 科技全球化及中国面临的挑战 [M]．北京：社会科学文献出版社，2000：53.

② 《中国科技发展研究报告》研究组．中国科技发展研究报告 2000 科技全球化及中国面临的挑战 [M]．北京：社会科学文献出版社，2000：57.

企业开放，从而保证企业能平等参与竞争；二是要明确民营科技企业的产权关系，从而能有针对性地完善企业制度。对于股份合作制这一新的企业组织方式，可以让中小型民营科技企业进行积极探索，并对其进行完善。科研院所的产权纠纷，主要是科研院所与大学派生的民营企业、国有企事业单位的产权纠纷。同时，还可以将国有小型科研机构通过一些方式转变为民营科技企业，这些方式主要有股份制、股份合作制。需要注意的是，机构转变的前提条件是要征得相关主观部门的同意。在此基础上，民营科技企业可以按照租赁的方式运营国有小型科研机构。

（五）在激励创新的制度和机制建设方面取得突破性进展

《中共中央、国务院关于加强技术创新，发展高科技，实现产业化的决定》强调，要深化改革，推进技术创新，进一步促进高新技术成果向产业化的转化。同时，也提出了多项配套政策，例如鼓励各类生产要素（比如技术和管理）参与收益分配，从而建立起有利于科技成果转化与产业化的机制与体制；为了激发有创新能力的科技人才或经营管理人才的积极性，可允许民营科技企业采用股份、期权等激励措施；在得到相关机构的批准下，国有科研机构可以改变其组织形式成为股份制或者股份合作制企业；一些高新技术企业正在尝试新的奖励制度，他们将近年来国有净资产增值的部分，作为股份发放给有贡献的员工，尤其是科技从业人员和管理人员。以上这些政策都具有制度性突破。

同时，培育有利于高新技术产业发展的资本市场，拓宽技术创新金融渠道；建立风险投资机制，积极吸收海内外资金支持科技事业。截至 2005 年底，我国共有创业投资和风险投资机构 319 家，管理资金总额 631.6 亿元。其投资资本来源结构是，政府资本占 20%，国有独资机构占 16%，外资占 11%，其他公司和上市公司分别占 28% 和 5%，银行、个人和其他分别占 8%、3% 和 9%。[①]

（六）改进政府科技计划管理

在国家科技计划资源分配中，引入公开招标竞争机制是一种有效的管理方式，通过这种方式可以选拔承担单位。这样做不仅可提高政府科技计划管理的效能，

① 王元．中国创业风险投资发展报告 2007[M]．北京：经济管理出版社，2007：1-8.

还能增强对知识产权的监管和维护。在2002年3月，科技部和财政部联合发布的一项规定名为《关于国家科研计划项目研究成果知识产权管理的若干规定》。这项规章明确了科研成果归属的问题，即规定了科技成果如果是经过国家科研经费支持的，其知识产权属于负责执行相关科研项目的机构所有。

（七）建设以科技中介为主体的创新服务体系

在《中共中央、国务院关于加强技术创新，发展高科技，实现产业化的决定》中提出了加强科技中介服务机构的发展。一是鼓励科研机构转型为企业化的科技中介服务机构。二是促进科技专业人士创立科技中介服务机构。2002年，国家科学技术部颁布了《关于大力发展科技中介机构的意见》，旨在打造有利于各类科技中介机构健康有序发展的组织架构、运作机制及政策法规环境。该政策提出，要通过培训和选拔，建立一支高素质、专业化的科技中介服务队伍，并育成一批规模化、规范化的服务机构。

（八）加强对知识产权的管理和保护

根据世贸组织的需要，对专利法、商标法等知识产权法律进行了适应性修改。

（九）存在的主要问题

一是科研机构企业化转制后，削弱了共性技术研究。有些为行业服务的应用研究机构转化为企业或实行企业化经营后，一方面，主要精力用于搞一些“短平快”的项目，忽视对基础性、共性技术的研究；另一方面，在某种程度上与企业形成了竞争关系，成果内部产业化，难以发挥公共平台的作用。

二是由于缺乏有效的技术转移和扩散机制，以及产学研结合机制，知识产权保护不完善，加上大学和科研院所的科研成果与企业的需要差距较大，缺少中间转化环节等原因，大学、科研院所与企业之间的合作薄弱，产学研结合的效率不高。

三是企业创新的微观基础不健全，国有企业和民营企业遇到不同的体制问题。国有企业有技术积累，但现行的国有企业管理体制不利于创新，缺乏创新激励。民营企业机制灵活，但缺少技术和管理积累，又面临公平竞争问题。如，在一些市场准入方面受到限制；在银行贷款、科技经费等资源配置方面，民营企业被边缘化。

四是创新政策的吸引力不足，这是由于政府在资源配置导向与支持自主创新方面存在不协调的问题。有些政府部门的资源本身就不足，反而还用在扩张规模、加快增长速度方面，这一做法抑制了企业的自主创新。同时，还有一些地方政府为了吸引投资，采取零地价、减免税政策的方式，这使得企业即使没有创新，也能获得高额利润。技术创新具有较大风险，既然能够轻而易举地获得政策优惠的好处，企业创新的动力必然减弱或消失。

五是缺少创新的风险分担机制和鼓励利用创新成果的需求政策，自主创新技术和产品缺乏市场出口。不少企业存在引进与自主研发脱节、研究开发与产业化脱节的问题。由于进口高新技术设备可以享受免征进口环节税，利用外资有优惠政策，而采购国内设备不仅缺少金融支持，还要征收增值税，因此，有些企业宁可引进国外不成熟的技术，也不愿使用国内开发的技术。

六是资本市场不完善，新兴技术创业企业融资难的问题仍然没有得到有效解决。

五、建设创新型国家、打造自主创新体系时期

传统工业化模式面临全球经济一体化和知识经济的挑战。随着形势的演变，主导产业竞争优势的关键要素也发生了变化。以往我们主要依靠自然资源的条件和低价的劳动力优势来占领市场，而现在，则更加注重创新能力、科技水平和管理优势的提升。我国在过去主要凭借低成本作为竞争优势，但是随着要素成本的提高，这种优势正逐步丧失。随着资源和环境压力的不断提升，粗放增长方式也面临着严峻的挑战，这是因为这一方式的运行十分依赖资源的消耗；随着产品结构的不断改进和新技术的不断引入，我国已步入一个新时期，即凭借技术进步和创新来实现可持续发展的阶段。党的十四大以来，党中央进一步明确了这一阶段的任务是继续推动科技现代化，为国家富强提供物质基础。提出“创新驱动发展”理念，作出实施科教兴国战略、人才强国战略和建设创新型国家的重要举措。

（一）自主创新成为国家的重要战略

《中共中央、国务院关于实施科技规划纲要增强自主创新能力的决定》（简称《规划纲要能力的决定》）在2006年1月颁布，在这项政策中，提出了调整产业结构与转变增长方式的中心是要增强自主创新能力。同时，还提出要将增强自主创新能力作为国家的重点战略，并要将其贯穿到现代化建设的各个方面。

（二）进一步明确和完善国家创新体系

根据《增强自主创新能力的决定》的规定，提升自主创新能力的关键是让企业在技术创新中扮演更加关键的角色，建立以企业为中心、以市场为导向、借助产学研多方合作的技术创新体系。《国家中长期科学和技术发展规划纲要（2006—2020年）》（简称“中长期科技规划”）提出了五个旨在推进国家创新体系建设的方向：第一，加强企业在技术创新中的领导作用，并且建立企业为主体、市场为导向、产学研结合的技术创新体系。第二，需不断改革科研机制，打造一个将科学研究与高等教育有机融合的知识创新系统。第三，加快推进国防科研体制改革，建立一个能够整合军民科技力量的创新机制。第四，建议促进中央和地方的科技团队相互融合，以建立各自独特且优势互补的区域创新网络。第五，增强先进技术的推广运用，打造一个社会化和网络化的科技中介服务体系。

（三）从科技政策转向创新政策

2003年6月，我国开始启动国家中长期科技规划的编制工作。在前期战略研究阶段，组织了2000多名来自科技界、经济界和理论界的专家，分成20个专题组开展研究。在制定政策的过程中，由科技部、发改委、财政部、人事部和中国人民银行5个部门牵头，根据职能分工，组织25个部门200多人，成立12个政策小组，开展纲要配套政策研究和制定。[①] 国务院的各个有关部门为了确保这些政策能够得到有效落实，制定了与之相关的实施细则，其数量大约有100个，具体是激发社会各界的创造性，如企业方面、大学方面、科研机构等，同时还促进

① 中国科学技术促进发展研究中心. 中国科技政策与发展研究2006年调研报告精选[M]. 北京：科学技术文献出版社，2007：14-23.

产学研结合与科技成果转化，进而吸引创新要素向企业聚集。

（四）加强促进和保障创新的法律和制度建设

2007 年 12 月，全国人大常委会通过了修订的《科学技术进步法》；2008 年 6 月，国务院发布《国家知识产权战略纲要》；在两次修改的基础上，《专利法》正在进行第三次修改。此外，2006 年以来，颁布的《物权法》《企业所得税法》《合伙企业法》《政府采购法》《反垄断法》等，也都是鼓励企业创新的措施。

六、科技现代化助力社会主义现代化强国建设时期

党的十八大以来，以习近平同志为核心的党中央统筹把握中华民族伟大复兴战略全局和世界百年未有之大变局，强调科技创新是制胜未来的关键变量，国家对战略科技支撑的需求比以往任何时候都更加迫切，并进一步强调科技自立自强是国家强盛之基、安全之要。在此思想基础上，党中央作出了实施创新驱动发展战略，加强科技现代化顶层设计，牢牢把握集聚人才，强化企业技术创新主体地位的重要举措。明确了新时代党的重要任务就是推动科技自立自强为实现社会主义现代化强国而奋斗。

（一）实施创新驱动发展战略

实施创新驱动发展战略是中国共产党在新时代继续推进科技现代化的重要举措。党的十八大报告提出，要走中国特色的自主创新道路、实施创新驱动发展之路，就要把科技摆在国家发展全局的核心位置。在党的十八届五中全会上，再一次明确了创新的重要地位。2016 年，中共中央印发了《国家创新驱动发展战略纲要》，制定了我国关于科技发展“三步走”目标，明确了我国科技发展的目标是要在 2050 年建成世界科技创新强国，成为世界主要科学中心和创新高地，标志着我国实施创新驱动从局部推进迈向全面实施的新阶段，初步形成一个市场导向、企业主体、产学研深度融合的新型国家创新体系。

之后，习近平总书记在党的十九大报告中提出了“加快建设创新型国家”的重要论断。在党的二十大报告中，习近平总书记进一步指出：“必须坚持科技是第

一生产力、人才是第一资源、创新是第一动力，深入实施科教兴国战略、人才强国战略、创新驱动发展战略，开辟发展新领域新赛道，不断塑造发展新动能新优势。”创新驱动战略是增强我国综合国力、提升国际竞争力的重要保障，是我国经济社会发展、经济发展方式转变、科技实力提升的推动力量。党对创新的核心地位和战略地位形成了明确的认识。

（二）加强科技现代化顶层设计

科技体制改革是提高自主创新能力、实施创新驱动发展的关键环节。党的十八大以来，以习近平同志为核心的党中央继续深化科技体制改革，提出了“破除一切束缚创新驱动发展的观念和体制机制障碍”的紧迫任务。2015 年，中共中央、国务院印发《关于深化体制机制改革加快实施创新驱动发展战略的若干意见》和《深化科技体制改革实施方案》，明确要使市场在资源配置中起决定性作用和更好发挥政府作用，提出在 2020 年基本形成符合创新驱动发展战略要求、遵循社会主义市场经济规律和科技创新发展规律的中国特色国家创新体系，推进科技项目和奖励制度改革、科技评价和奖励制度改革，激发科研人员积极性。

2016 年，《国家创新驱动发展战略纲要》的出台，明确了改革的总体目标、原则，又对发展的任务做了全面部署，涵盖了产业技术创新、原始创新、区域创新等各种创新主体，同时提出了在改革创新治理体系、增加创新投入、开放创新等方面的保障举措。

2018 年，党中央印发《深化党和国家机构改革方案》，国务院印发《关于成立国家科技领导小组的通知》，将科技部、国家外国专家局进行职责整合，重组科技部；将国家科技教育领导小组调整为国家科技领导小组，负责国家科技发展战略、规划及重大政策和研究、审议工作，为深化创新型国家建设奠定组织基础。2023 年，党中央再次对党和国家机构进行改革，将科技部的部分职权优化重组，组建中央科技委员会作为决策议事协调机构，进一步加强了党中央对科技工作的集中统一领导。

2020 年，党中央立足百年未有之大变局，在十九届五中全会上总结过去、谋划和开拓未来，审议通过了中共中央作出的《关于制定国民经济和社会发展第十四个五年规划和二〇三五年远景目标的建议》（以下简称《建议》），“创新”贯穿全文，成为关键词之一。《建议》立足新发展阶段，贯彻新发展理念，构建新发展格局，提出“坚持创新在我国现代化建设全局中的核心地位，把科技自立自强作为国家发展的战略支撑”。改革重大科技项目和组织管理方式，实行“揭榜挂帅”等制度，健全科技评价机制等；加快政府科技管理职能转变，健全知识产权保护运用体制，积极促进科技开放合作，激发各类人才创新活力。同年 12 月，中央经济工作会议强调将强化国家战略科技力量置于 2021 年八大任务的首位。2021 年 5 月召开的全国“科技三会”提出把“坚持科技自立自强作为国家发展的战略支撑”。2022 年，新修订的《科技进步法》正式施行，将《深化科技体制改革实施方案》中的改革成果全面上升到国家法律制度层面。这一时期我国的科技体制改革具有十分突出的特点，完善了重大科技任务的组织实施机制、建立了贯穿科研活动全链条的政策体系、形成覆盖企业全生命周期的普惠性创新政策、健全科研人员全职业生涯激励制度、优化了科研学术环境。①

（三）牢牢把握集聚人才大举措

党的十九届六中全会审议通过的《中共中央关于党的百年奋斗重大成就和历史经验的决议》强调，“深入实施新时代人才强国战略，加快建设世界重要人才中心和创新高地，聚天下英才而用之”，为新时代人才工作指明了奋斗目标和努力方向。这一时期，党中央作出了健全优化科技人才政策体系、打造稳定的人才养育体系、实施科学的人才评价和激励机制、出台开放的海外人才吸引和留用政策、改善科技人才使用和发展政策五方面的举措。

在健全优化科技人才政策体系方面，党中央国务院出台多项有关科技人才的政策，丰富政策供给；打造多级、多部门联动的供给机构，共同助力科技人才成长；设立“青年科学基金项目”“优秀青年科学基金项目”“杰出青年科学基金项目”“创新研究群体项目”等基金项目，为科技人员提供资金支持；注重战略科技人才、科技领军人才、青年科技人才和创新团队人才结构建设，注重人才引育用等方面的变革；推行人才类科研经费包干制，释放科研人员活力；完善科研单

① 陈芳，胡喆. 大国科技创新，实现“十四五”良好开局 [N]. 新华每日电讯，2022-02-26（003）.

位法人治理结构，扩大岗位管理自主权，为科技人才发展提供良好环境。

在打造稳定的人才培育体系方面，党中央出台了一系列围绕科技人才教育和培养的改进政策，为加强基础学科人才教育与培养和建立科技需求导向的人才培养机制提供了政策保障。针对基础研究人才，教育部出台"强基计划"政策，推进新工科、新医科、新农科、新文科建设和学科交叉培养体系改革。2017 年，国务院出台《关于深化产教融合的若干意见》，进一步实现了学科专业建设和产业转型升级的有机融合。

在实施科学的人才评价和激励机制方面，颁布《关于分类推进人才评价机制改革的指导意见》，明确科技人才评价要以创新能力、质量、贡献、绩效为导向，以科学价值、技术价值和产业价值为价值判断，对基础研究类人才、应用研究和技术开发类人才进行合理分类。颁布《赋予科研人员职务科技成果所有权或长期使用权试点实施方案》对科技项目的资助方式进行管理，推行"揭榜挂帅""赛马""军令状"等制度，鼓励科技领军人才挂帅出征，进一步激发了科研人员创造积极性。

2018 年，国务院发布了《关于积极有效利用外资推动经济高质量发展若干措施的通知》，在吸引与留住海外人才方面，从政策层面提供了支持。随后，科技部和财政部联合发布了一系列规定，旨在为海外华人和华侨创造通过香港、澳门科研机构参与国内科学研究的机遇。在同一年，国务院颁布了《关于推动创新创业高质量发展打造"双创"升级版的意见》，并且积极推进相关措施，其中包括鼓励留学归国人员创新创业计划。2022 年 11 月 10 日，国家发改委公布了一个名为《长三角国际一流营商环境建设三年行动方案》的文件。《方案》提出，打造一个能够与国际市场竞争的人才聚集地，增强国际人才引进政策的支持力度，完善人才培养、选拔评价、激励保障机制，促进国际人才认定与服务监管部门的信息交流。对于那些能够把控风险的领域，推出一套国际职业证书认可清单制度，进而强化对从业行为的把控力度，与此同步加大国际高端技能人才的培养和使用。推进国际人才的交流合作，促进人才在不同地区、行业、领域间的自由流动。

在此基础上，我国科技人才政策成效显著，科技人才队伍规模不断扩大、创新能力快速提高、队伍结构不断优化，为新时代推进我国科技现代化提供了强有力的人才支撑。

（四）强化企业技术创新主体地位

2012 年 7 月，全国科技创新大会在京召开，会议强调“深化科技体制改革的中心任务是解决科技与经济结合问题，推动企业成为技术创新主体，增强企业创新能力。这是一项事关国家长远发展的基础性、全局性、战略性重大任务”。随后《关于深化科技体制改革加快国家创新体系建设的意见》强调，深化科技体制改革的核心任务就是要建设以企业为主体、市场的导向、产学研结合的技术创新体系。并且强调要让企业参与到国家科技项目的决策之中，有条件的企业可以牵头组织实施国家重大科技项目。同年，党的十八大报告再次提出“着力构建技术创新体系，以企业为主体、市场为导向，实现产学研深度融合，促进创新资源高效配置和综合集成，把全社会智慧和力量凝聚到创新发展上来”。

2015 年，中共中央、国务院印发《深化科技体制改革实施方案》，提出让企业、科研院所、高等学校、新型企业等成为科技创新的主体，要激发企业创新的内生动力，以市场化为基本导向，通过结构性减税、政策支持、企业改革等方式加强企业的创新主体地位，对于新型非营利性的企业，也应当支持其在社会、公益等方面发挥重要的作用。企业在科技创新、技术创新中的主体地位再次被刷新。2016 年,《“十三五”国家科技创新规划》提出“培育造就一批世界水平的科学家、科技领军人才、高技能人才和高水平创新团队，支持青年科技人才脱颖而出，壮大创新型企业家队伍”，还提出“支持创新创业企业进入资本市场融资，完善企业兼并重组机制，鼓励发展多种形式的并购融资；健全适合创新型、成长型企业发展的制度，扩大服务实体经济覆盖面；强化全国中小企业股份转让、系统融资、并购、交易等功能；规范发展区域性股权市场，增强服务小微企业能力”等提升企业能力的重要举措。

到了 2020 年，中共中央发布的《关于制定国民经济和社会发展第十四个五年规划和二〇三五年远景目标的建议》明确提出：“提升企业技术创新能力，强化企业创新主体地位，促进各类创新要素向企业集聚。推进产学研深度融合，支持企业牵头组建创新联合体，承担国家重大科技项目。发挥企业家在技术创新中的重要作用，鼓励企业加大研发投入，对企业投入基础研究实行税收优惠。发挥大企业引领支撑作用，支持创新型中小微企业成长为创新重要发源地，加强共性技术平台建设，推动产业链上中下游、大中小企业融通创新。”

2023年4月21日，习近平总书记主持召开二十届中央全面深化改革委员会第一次会议，会议审议通过了《关于强化企业科技创新主体地位的意见》。会议指出，强化企业科技创新主体地位，是深化科技体制改革、推动实现高水平科技自立自强的关键举措。要坚持系统观念，围绕“为谁创新、谁来创新、创新什么、如何创新”，从制度建设着眼，对技术创新决策、研发投入、科研组织、成果转化全链条整体部署，对政策、资金、项目、平台、人才等关键创新资源系统布局，推进科技创新、产业创新和体制机制创新，推动形成企业为主体、产学研高效协同深度融合的创新体系。要聚焦国家战略和产业发展重大需求，加大企业创新支持力度，积极鼓励、有效引导民营企业参与国家重大创新，推动企业在关键核心技术创新和重大原创技术突破中发挥作用。

2023年7月19日，中共中央、国务院发布的《关于促进民营经济发展壮大的意见》中提出：“支持提升科技创新能力，鼓励民营企业根据国家战略需要和行业发展趋势，持续加大研发投入，开展关键核心技术攻关，按规定积极承担国家重大科技项目。培育一批关键行业民营科技领军企业、专精特新中小企业和创新能力强的中小企业特色产业集群。加大政府采购创新产品力度，发挥首台（套）保险补偿机制作用，支持民营企业创新产品迭代应用。推动不同所有制企业、大中小企业融通创新，开展共性技术联合攻关。完善高等学校、科研院所管理制度和成果转化机制，调动其支持民营中小微企业创新发展积极性，支持民营企业与科研机构合作建立技术研发中心、产业研究院、中试熟化基地、工程研究中心、制造业创新中心等创新平台，支持民营企业加强基础性前沿性研究和成果转化。”由此进一步强化了企业的创新主体地位，推动了企业创新能力的提升，使得在这一时期，企业不断强化其在技术创新中发挥的主体作用，企业的创新能力在不断提升，企业研发投入比重不断增大，企业得到了迅速发展。

党的十八大以来，在以习近平同志为核心的党中央坚强领导下，我国科技事业取得显著成就。基础研究和原始创新取得重要进展，量子信息、干细胞、脑科学等前沿方向取得重大原创成果；战略高技术领域取得新跨越，深海、深空、深地、深蓝等领域积极抢占科技制高点；高端产业取得新突破，5G通信率先实现模块化应用、高速磁浮试验样车试跑成功；国防科技创新取得重大成就，首艘国产航母下水、第五代战机歼-20正式服役、东风-17弹道导弹研制成功。同时，以习近平同志为核心的中国共产党人继承并发展了毛泽东思想、邓小平理论、“三个代表”重要思想、科学发展观中的科技观，形成了习近平新时代中国特色社会主义思想中的科技观，开辟了中国马克思主义科技观的新的时代篇章。

第二节　我国科技创新体系建设取得的成就

经过几十年的改革开放，我国构建了比较完整的科学研究与创新开发体系，基本形成以企业为主体、产学研相结合的创新体系。我国创新指标在全球排名已经从2012年的第34位跃升到2022年的第11位，顺利进入了创新型国家行列，[①]有些科研领域已达到国际先进水平；企业技术创新能力不断提高，涌现了一批依靠创新增强竞争优势的企业。

一、科技事业取得举世瞩目的成就

在基础研究领域，我们取得了重大成果和突破，例如在杂交水稻、高性能计算机、高温超导研究和人类基因测序方面。同时，新兴的交叉学科也在迅速发展，如表面科学、非线性科学、认知科学和地球系统科学。国家重大科学工程建设如北京正负电子对撞机、兰州重离子加速器、大天区面积多目标光纤光谱天文望远镜、超导托卡马克聚变实验装置和国家农作物基因资源工程，也为我国基础科学研究提供了重要的支持。三峡工程、载人航天工程、首次月球探测工程、青藏铁路、高速铁路建设等获得重大成功，数控机床、核电、集成电路等国家重大技术装备制造水平和自主化率稳步提高。高技术研究和高新技术产业化取得明显进步，为发展经济、促进社会进步、改善民生、维护国家安全提供了重要支撑。

① 新华网. 科技部：2021年我国国家创新能力综合排名上升至世界第12位[EB/OL].（2022-02-25）[2023-07-10]. http：//www.xinhuanet.com/2022-02/25/c_1128415971.htm.

二、国际影响力持续增强

如今，我国的发展越来越强大，在科技领域的国际影响力在不断提升，国际合作也在深化。同时，随着科学技术与互联网的发展，我国在量子通信与5G方面也不断有新的突破发展，进而提升了我国在国际规则、标准制定等方面的话语权，使得以我国为主导制定的国际标准数量也在不断上涨，同时还提升了我国在科技创新领域的国际地位。数据显示，截至2023年，我国科技领域社会组织已达4万余家，其中民政部登记全国性社会组织236家、国际科技组织17家。[①]我国在电子信息领域取得了显著进展，成为或将要成为一些核心和前沿领域的领导者，引起了众多国家的浓厚兴趣和合作意愿。这些国家越来越多地与中国展开合作，共同发表论文的数量也在持续增长。此外，中国的合作网络已不仅限于发达国家，还拓展到"一带一路"沿线国家，全球范围的合作也在加速推进。

三、创新投入不断提高

经费投入是开展科技创新活动的前提和保障。1987—2006年，全社会的R&D支出从74亿元增加到3003亿元，R&D支出强度从0.61%增加到1.42%。20世纪90年代末以来，我国的R&D支出增长快于GDP的增长速度。2000—2006年，R&D支出平均年增长22.4%。2007年，全社会R&D支出总量为3664亿元，进入世界前5位；R&D支出占GDP的比例达到1.49%，达到中等收入国家的水平。但按人口平均的R&D支出仍然较低，约240元/人。[②]

而到了2021年，我国R&D经费投入达到27956亿元，稳居世界第二位。2013—2021年，按现价计算我国R&D经费年均增长11.7%，增速大幅领先于美国（6.5%）、欧盟（3.5%）、日本（1.3%）等主要经济体；R&D经费投入强度（R&D经费与GDP之比）从2012年的1.91%跃升至2021年的2.44%，已接近经合组

① 百度．我国科技领域社会组织已达4万余家[EB/OL]．（2026-06-20）[2023-07-10]．https：//baijiahao.baidu.com/s？ id=1769232255370778446&wfr=spider&for=pc.

② 马岩．中等收入陷阱的挑战及对策 中国经济增长方式的国际视角[M]．北京：中国经济出版社，2011：145-146.

织国家平均值，达到中等发达国家水平。[①]

四、我国研发人员数量不断上涨

现如今，我国不论是科技人力资源，还是从事研发人员总量都已稳居世界第一。研发人员总量从 2012 年的 325 万人年提高到 2022 年预计超过 600 万人年，多年保持世界首位。[②] 同时，近些年，海外留学生回流速度也在加快。

五、综合效益日益凸显

一是在网络安全工作方面，已经有了初步成效。在数字化与网络化快速发展的背景下，加强网络安全治理也变得越来越重要。这是因为加强网络安全管理不仅能维护国家安全，还能提升国家的竞争力。近年来，国家十分重视网络安全领域，为了能更好地保护网络安全，防止出现信息泄露、网络敲诈和黑客攻击等问题，我国加强了在网络安全领域的技术开发，主要研发了动态行为分析、网络安全“防火墙”等前沿技术。

二是在绿色经济发展水平方面有显著的提高。对于绿色创新发展，我国一直都十分重视，随着“双碳”目标的提出，让人们更加重视绿色创新的发展。近年来，我国在绿色创新方面的发展有了一定的成效，如清洁能源、节能环保、清洁生产等。

三是人民健康得到持续改善。“要把保障人民健康放在优先发展的战略位置”是《中华人民共和国国民经济和社会发展第十四个五年规划和 2035 年远景目标纲要》重点强调的准则。近年来，我国在药品、医疗器械、医用设备、疫苗等领域实现一系列创新突破，健康领域科技创新实力不断增强，人民预期寿命稳步增长。数据显示，我国居民 2021 年人均预期寿命达 78.2 岁，比 2015 年提高约 2 岁，

---

① 国家统计局. 创新驱动成效显著 科技自强蹄疾步稳——党的十八大以来经济社会发展成就系列报告之十 [EB/OL].（2022-09-27）[2023-07-10]. http：//www.stats.gov.cn/xxgk/jd/sjjd2020/202209/t20220927_1888727.html.

② 中华人民共和国科学技术部. 国新办就“深入实施创新驱动发展战略 加快建设科技强国”举行发布会 [EB/OL].（2023-02-24）[2023-07-10]. https：//www.most.gov.cn/xwzx/twzb/fbh23022401/.

并于 2020 年首次超过美国，2021 年继续领先①，真正做到了“坚持面向人民生命健康”的科技发展。

六、创新保障举措不断完善

一是各项举措都在不断提升，如在科学决策、多层建设、制度建设等方面。首先，我国实施了“三步走”计划，旨在推进科技强国建设，该战略明确了我们提高整体科技水平的方向和重点。其次，制定了一份“中长期规划”，这份规划可以对关系到整体发展的重大事项进行科学预测和整体安排，从而制定清晰的行动计划和时间表。再次，我们需要精细执行和认真实施措施。我们遇到的主要困难包括核心关键技术受制于他人、科技评价和激励机制不合理、科研管理过于依赖于行政手段，以及学术态度过于自满。因此，为了解决这一问题，要积极发布相关政策，并强调政策贯彻执行的重要性。最后，我们需要重新定义政府的角色，全面推动“放管服”的改革，从而进一步增强政府在基础设施建设、公共产品和公共服务等领域的供给能力。

二是要积极对创新创业的营商环境进行优化。随着创新创业的发展，其营商环境的发展也受到了国家的高度重视，国家认为要想促进创新创业的发展，最先应该营造一个良好的营商环境。因此，只有不断加强“放管服”改革，采取一系列措施改善营商环境，才能将市场主体的活力与创新能力激发出来。根据 2020 年公布的《全球营商情况报告》，中国在全球营商环境排名方面取得了显著进步。中国在 2020 年的排名比 2018 年上升了 47 名，成为第 31 名。中国的营商环境已经有了显著的提升，特别是在企业创办、电力接入、财产登记、保护中小投资者以及合同执行等方面。有研究显示，与主要科技强国如美国、日本、德国、英国、法国以及一些拥有关键创新力的小国如瑞典、芬兰相比，中国目前的创业门槛更低。

三是采用多样化的投资方案，以此增强科技领域的金融保障。近十年来，中国的研发经费投入规模快速增长，在全球范围内名列前茅。全社会的研发经费仅

① 中华人民共和国政府．2021 年我国卫生健康事业发展统计公报 [EB/OL]．（2022-07-12）[2023-07-10]．https：//www.gov.cn/xinwen/2022-07/12/content_5700670.htm.

次于美国，居全球第二。这项投资涵盖了各种类型的创新主体，包括企业、政府机构、研究机构和高等院校等，这些主体在科研经费支出方面也呈现出不同的提升。此外，显而易见的是，全国各地参与创业的不同类型风险投资机构的数量和管理的资本总额，以及已经投资的项目数目和金额，均表现出了明显的增长趋势。中国已经成为在风险投资领域最大的投资国家，其投入规模已经超过美国、日本、德国和法国等其他主要科技强国。

第三节　我国科技创新体系建设面临的主要挑战

随着时间的推移和社会的发展，科技创新也迅速展开，同之前相比，我国的创新能力有了很大的提高，但是与那些发达国家相比，我国的创新能力还是远远不够的，科学技术总体水平也并没有很高。我们必须要深刻意识到这一点。尽管我国出台了许多科技创新方面的政策，但是，成效并不如人意，究其原因，主要是体制、机制和政策环境上存在差距，我国创新体系建设面临以下挑战。

一、如何进一步促进科技与经济的结合

我国科技体制改革的第一个任务就是解决科技与经济脱节的问题。首先从改革科研体制入手，促进科技与经济的结合，科研机构与市场结合，为企业服务。但是，多年来科技与经济两层皮的问题仍然没有得到很好的解决，其主要原因是体制问题。

一方面，现行行政管理体制导致科技资源条块分割，资源配置方式、评价制度等不适应创新需要。政府管理条块分割，政府科技资源按创新链条纵向分段管理和配置，各部门相互独立，必然导致研究开发与成果产业化脱节、自主研发与引进技术消化吸收脱节、引进技术与消化吸收脱节的问题。

另一方面，大学和科研机构的运行机制与功能不协调。以论文为评价科技人员的主要指标，导致研究人员追求学术论文，忽视研究成果的实用性和成果转移。由于知识产权保护和利益分配问题，大学和科研院所自己创办企业，科研成果内

部产业化。但与企业相比，大部分大学和科研院所在市场开拓和规模化生产等方面并没有优势。特别是，一些以行业共性技术和共享技术研究为主的研究机构，实行企业化运行，自己创办企业，在某种程度上与企业形成了竞争关系，导致企业与科研院所的联系薄弱。

二、如何使企业成为真正的创新主体

目前，我国企业已经成为 R&D 支出主体，企业的研究开发人员占全社会的比例也超过 65%，但这并不等于企业已经成为创新主体。创新是将创造技术和知识的能力转变为经济效益的过程，是新技术、新产品实现商业化和产业化的过程。只有当研发成果成功地推向市场，才算真正完成了创新。我国企业尚未真正成为创新主体主要表现在以下几个方面：一是企业的研究开发还未形成市场竞争力，R&D 投入效率不高。尽管企业投入了大量的研究开发费用，但由于缺乏市场开拓能力和合适的商业模式，有些研究开发成果最终没有获得市场成功。2022 年，我国进入世界 500 强的企业只有 145 家，其中大部分是石油、电力、交通通信、钢铁等国有大型企业集团。[①] 二是企业的 R&D 支出强度较低。目前，我国大中型工业企业的 R&D 支出强度不及发达国家的 1/4，内设研究开发机构的企业数量不多。三是企业并未真正成为新技术集成、产业化和商业化的平台。一些科研院所和大学的研究成果内部产业化，一部分科研成果搁置在大学和科研院所没有开发利用。四是相当一部分企业缺乏自主知识产权。

三、如何调动全社会的创新积极性

国家中长期科技规划提出了 60 条直接支持创新活动的政策，包括从 R&D 支出的减免税政策、高技术企业的税收政策，到科技人才队伍建设和科技创新平台建设等 10 个方面。与国际上的一些创新型国家相比，在优惠和扶持政策方面，人家有的我们大多有了，甚至人家没有的，我们也有了。目前，存在的主要问题

① 搜狐网．2022 世界 500 强企业：中国 145 家，韩国 16 家，俄罗斯澳大利亚各 4 家 [EB/OL]．（2023-03-29）[2023-07-10]．https：//news.sohu.com/a/660506687_121119015.

是政策落实不到位，有些政策的实施效果不够理想。

创新政策不能孤立地发挥作用，要有配套的制度和市场环境。首先，市场竞争是促进企业创新的主要动力。目前，我国处于计划经济向市场经济转轨时期，市场机制还不够完善。一些制度因素扭曲了资源配置机制，政策导向偏离创新的方向。如，一些领域的市场进入限制较多，缺乏竞争；部分重要资源价格仍然是行政定价，不能反映资源的稀缺性和外部性；各种所有制企业之间存在不平等竞争，等等。其次，企业创新的目的是提高市场占有率和获得超额利润，其技术创新动力来源于对创新的预期纯收益。目前，各级政府过度采取投资激励措施，使得企业倾向于从其他优惠政策中获利，创新政策的吸引力不大。创新有风险，如果不需要创新就能获得支持和超额利润，企业就不会费劲去创新。再次，知识产权保护体系不够完善，个人和企业缺乏创新的动力。

四、如何完善基础研究支撑体系

目前，我国科技创新体系建设面临的主要挑战，还包括如何完善基础研究支撑体系。同其他国家相比，我国的原始创新能力不强，在预先研究领域以及基础研究领域的积累与投入比较少，缺乏对未来几十年的科技方面的引领以及创新发展方面的规划。这些都是制约我国科技创新体系建设方面的重要因素。具体来说，主要包含以下三个方面：

一是我国一流大学的建设不足，高校的支撑能力较弱。随着时间的推移，我国迅速发展起来，高校的数量与质量也在不断地提升，国内世界一流大学的数量也开始逐渐增长，但是同其他发展较好国家的一流大学相比，我国的一流大学的数量与质量还有着较大的差距。在学科建设方面，世界主流尤其是创新强国的人才培养途径是 STEM（科学、技术、工程和数学）教育，美国更是对其格外重视，将 STEM 教育加入其整体教育改革战略，而我国并未形成 STEM 教育整体性的国家层面的政策规划，虽然颁布了 STEM 教育的文件，在部分地区也开展了试点，但是其规模都比较小，缺乏长远布局。在人才培养方面，我国高校的硕博学生与高端人才培养方面也存在着一定的劣势，难以满足社会与国家的需要，人才培养情况也并不乐观。

二是对于基础研究的投入总量仍然较少，无法满足其需要，且来源结构亟待优化。从纵向历史发展的角度来看，其投入总量较少与我国的历史原因有关，由于历史原因，我国发展起来的年限比较短，在近 40 年才迎来经济的腾飞，科技创新方面的基础自然比较薄弱，又由于基础研究效果与持续累积和长期投入有关，这就使得我国的投入总量要比日本、美国等强国要少得多。从现如今的情况来看，科学研究水平方面的主要短板在于资金人才等要素支撑不足，从而无法形成较强的原创能力，特别是在基础研究经费投入方面短板明显，2021 年我国基础研究经费占总研发经费的比重为 6.5% 左右①，同发达国家相比，我国基础研究经费明显较少，这很容易使得我国的基础研究与发达国家的差距进一步拉大，同时也难以与我国的科技发展水平相适应。另一方面，我国科技方面的资金来源比较单一，主要依靠政府的资金投入，这种失衡的经费来源也是造成投入量较少的原因，科技经费来源应该是多元化的，比如政府、高校、企业、非营利机构等等，我国要优化基础研究的资金来源，构建一个多元化的基础研究投入机制，从而充分激发社会的投资活力，这也是加大基础研究投入总量的一个方法。

三是我国科技资源尚未实现有效统筹，缺乏一个真正的创新基础平台。与创新强国相比，我国在管理模式、总体布局等方面均存在着一些不足。在管理模式方面，创新强国都积极鼓励新兴产业发展，建设特色产业发展必要的相关重大装置设施，不断开放共享，而我国的大科学装置建设在起步时便已经落后于他们，这些大科学装置集群之间也并未形成高效的协同机制，难以充分发挥辐射效应。在总体布局方面，我国的大科学装置分布的学科领域比较集中，而美国的大科学装置体系采用的是多领域、跨学科、大协作的分布方式。

① 国家统计局. 2021 年全国科技经费投入统计公报 [EB/OL].（2022-08-31）[2023-07-10]. http：//www.stats.gov.cn/sj/zxfb/202302/t20230203_1901565.html.

第四章　我国科技创新体系的发展建设

我国的科技创新体系主要由科研院所、高等院校以及企业所组成，要想促进我国的科技持续创新，就必须完善我国的科技创新体系。科技创新体系建设就是从根本上致力于科技与经济的紧密结合，使科技更好地服务于经济和社会的发展。本章依次介绍了中国科技创新体系建设之科研院所、中国科技创新体系建设之高等院校、中国科技创新体系建设之企业、中国科技创新体系现代化展望。

第一节　中国科技创新体系建设之科研院所

科研院所是我国科技创新体系中的关键主体之一，包括国务院直属科研机构、部委下属科研机构、省市等地方研究机构、转制科研机构、新型研发机构等多种。在百余年的发展历程中，我国科研院所既是科技体制机制发生变革的载体，也是科技创新体系变革的实践者，可谓我国科技创新体系演变和发展的缩影。

一、科研院所的发展及建设历程

（一）中华人民共和国成立初期的科研院所

在中华人民共和国成立初期及其后的一段时期内，我国逐步组建由中国科学院、国防科研机构、高校、部委科研机构和地方科研机构组成的五路科技大军。除去高校这一路大军，其他四路大军都属于科研院所。这些科研院所有些是从民国政府的中央研究院、北平研究院以及伪满政府的大陆科学院演变而来的，有些是根据国家工业发展需要建立起来的。中华人民共和国成立后如何对这些科研院所进行有效管理，使它们在共和国建设中发挥作用，成为摆在新政府面前的重要问题。总的来看，由于以“一边倒”为国策，中华人民共和国成立初期我国科技事业全面向苏联学习，科学研究的计划成为整个国家计划体制的一部分。在这种体制下，我国科研院所建立从上到下实施以计划为特征的集中式管理机制也成为必然。这个时期，我国科研院所体系的几个特点如下：

1. 中国科学院行使全国科技管理部门的职责

中华人民共和国成立初期，国家按照政务院下属部门的方式成立中国科学院。1954 年《中华人民共和国宪法》颁布后，中国科学院不再是政府的组成机构之一，同年，一届全国人大一次会议通过的《中华人民共和国国务院组织法》也不再把科学院列为政府部门。尽管如此，1957 年 6 月，国务院科学规划委员会举行第四次扩大会议，聂荣臻在讲话中指出：“我国统一的科学研究体系是由中国科学院、高等学校、中央各产业部门的研究机构和地方研究机构四个方面组成的。在这个体系中，中国科学院是全国的学术领导和重点研究中心，高等学校、中央各产业部门的研究机构（包括厂矿实验室）和地方所属的研究机构则是我国科学研究的广阔的基地。”①

此后，1958 年 11 月，经全国人大常委会批准成立国家科学技术委员会。几年之后，由于与科学院各学部重复，国家科委下设的数学组、物理组、化学组、力学组和生物组这 5 个学科的工作安排交由中国科学院学部负责。可见，尽管没有国家科技管理部门的实名，中国科学院在中华人民共和国成立以来的较长一段时间内行使着全国科技管理部门的职责，直至 1979 年之后国家层面逐渐恢复和加强国家科委的职能。

2. 从经济恢复中找课题，服务国家建设

中华人民共和国成立初期，我国“一五”“二五”计划将东北三省作为中华人民共和国重工业基地，号召全国人民为社会主义工业化添砖加瓦。在建设东北重工业基地的过程中，科技界也积极响应国家号召，为东北工业的恢复和建设提供科技支援。1948 年后东北工业部接管并领导大陆科学院，并在其基础上成立东北工业研究所。1950 年 6 月，东北工业部组织东北科学技术考察团考察东北各

① 储著武．由统至分：新中国哲学社会科学领导体制的初步形成 [J]．河北学刊，2021，41（02）：12-23.

厂矿，主要目的是使科学研究工作密切结合实际，为东北工业的恢复和建设提供科学技术的支持。这次考察共收集亟待解决的科学技术问题 70 余项，经分解后，分配给东北工业研究所等不同研究机构开展研究。这个时期，我国科研院所大多处于新建或恢复期，科研的整体实力较弱，加上中华人民共和国成立初期百废待兴，因此，一大批科研院所以解决各类厂矿中的技术问题为主要任务。

3. 科研工作计划配合计划经济体制建设

这个时期科研院所是在计划经济体制下参照苏联模式建立起来的，研究工作要配合国家建设来进行有计划的部署，具有政府主导的典型特点，主要表现为：科研机构的设立服务于国家建设的迫切需求，科研机构的事业费和科研经费由政府财政全额拨款，项目任务和课题由政府计划下达并且无条件完成，机构人事实行行政化管理。例如，自 1950 年起，为支援东北建设，中国科学院成立东北分院，在长春综合研究所等单位的基础上成立了几个新的研究所，并把上海和北京的几个研究所迁往东北。又如，东北工业部组织 4000 名科技人员到东北安家立业，使得东北工业部下属的几个科研院所（东北科学研究所、东北地质调查所等）的实力得到增强。再如，东北科学研究所从 1949 年下半年开始探索制订研究工作计划。

4. 优先布局国家重大需求相关的学科领域

科研研究有多个领域。在中华人民共和国成立初期，我国针对国家重大需求相关的学科领域进行了优先布局，这几个重大需求相关的学科领域就是国防、科学、教育和生产部门。根据这个要求，最终，《1956—1967 年科学技术发展远景规划纲要》提出 57 项任务，下分 616 个研究课题。此后，根据周恩来的指示，科学规划委员会进一步提出在国民经济和国防建设中最为重要、最为紧急、最有意义的六项“紧急措施”（涉及原子能、导弹、无线电电子学、自动化、电子计算机、半导体领域）作为优先发展的六个学科领域（当时中国对外公布的紧急措施只有后四项）。

这六项“紧急措施”中的后四项，主要由中国科学院负责落实。1960 年 9 月 6 日，经国家科委批准，在半导体研究室的基础上成立了中国科学院半导体研究所，该研究所成为我国半导体研究的重要机构。与此类似，中国科学院为了发展无线电电子学、自动化、电子计算机，分别成立了电子学研究所、自动化研究所、计算机研究所。

这六项紧急措施中的前两项与我国几乎同期部署的“两弹一星”工程紧密关联。“两弹一星”工程作为重大的国家需求和战略部署，以任务带学科，设立了一批国防部直属的科研院所。例如，按照中央和军委的决定，1956 年 10 月中国第一个导弹研究机构——国防部第五研究院正式成立，1961 年 6 月国防部第六研究院（航空研究院）正式成立。同时，“两弹一星”工程还催生了一些中国科学院和国防科委共同领导的科研院所，例如 1956 年成立的由钱学森担任所长的中国科学院力学研究所。

同期，我国还根据经济建设和国防建设的需要，部署了其他一批科研院所。例如，1958 年，在原一机部电器工业局上海试验所的基础上，扩建成立一机部直属的上海电器科学研究所，该研究所成为以研究电器为主的综合性研究所。1961 年，当时的三机部发文，批准成立三机部直属的计量检定所（现航空工业计量所的前身），开展长度、温度、化学、力学等领域的计量检定工作。

历史证明，上述以集中计划为特色、以任务牵引建设起来的科研体系对我国经济社会发展起到了积极的推动作用，以国家需求为导向形成了一个比较完备的科技体制，成为我国科技发展的重要基础。应该说，当年的这种选择是符合中国国情的。在中华人民共和国成立初期及社会主义初级阶段热火朝天的工业化建设中，中国科研院所找到了用武之地，得到了快速的恢复和发展。

（二）改革开放初期的科研院所

改革开放前夕，我国非国防科技系统的中央级别科研院所大量下放到地方，或合并至国防科技系统，甚至有的被撤销。例如，1970 年国家科委并入中国科学院后，中国科学院一度仅保留 10 个直属研究所。①1977 年 5 月，邓小平同志约见主持中国科学院工作的方毅和李昌，明确提出要制定科技发展规划。1978 年，全国科学大会审议通过了《1978—1985 年全国科学技术发展规划纲要》。这份发展

① 王扬宗．中国科学技术事业的历史性转变——回望 1978 年全国科学大会 [J]．中国科学院院刊，2018，33（04）：351-361.

规划纲要提出要新建和加强重点科学研究结构，到1985年建成一套新的全国科学技术体系，以促进科学技术的合理发展。由此，1978年全国科学大会召开之后，中国农业科学院、中国林业科学研究院等公益类科研院所得以恢复，中国科学院收回、恢复、新建了许多研究机构，国务院各部委积极响应国家发展基础工业的号召，纷纷恢复或重建自己的科研院所。

（三）全面科技体制改革中的科研院所

随着时间的推移，社会的发展，我国的科技水平逐渐提高，相比起之前有了很大的进步，但是我国过去所执行的高度集中的科技体制也暴露出了一些缺陷，从微观上来说，科技研究的相关单位比较封闭，开放性较差，科技人员的创造性与积极性被抑制，影响了其真实水平的发挥；从宏观上来说，国家直接管理过多，不利于调动基层研究机构的积极性和激发活力，科研活动逐渐与社会需求脱节，科研机构效益效率低下，科技管理呈现条块分割状态。在这样的背景下，有识之士一致认识到我国科技体制非改革不可。经过一系列的分析研究与探索实验之后，科技体制改革的工作逐渐被作为首要任务提上日程，1988年9月5日，邓小平提出了“科学技术是第一生产力”的重要理论，拉开了我国科研院所全面改革的序幕。具体来看，这个时期我国科研院所体系的改革又可以分为两个阶段。

1. 第一阶段：“堵死一头，网开一面”

在这个阶段，我国科技体制改革的指导思想是科学技术面向经济建设，经济建设依靠科学技术，政策走向是“堵死一头，网开一面”“放活科研机构，放活科技人员”“科技长入经济”。就科研院所而言，这一时期改革涉及的机制变化主要有：

（1）科研事业费财政拨款制度改革（“堵死一头”）

国家启动科研院所的拨款制度改革，分类管理全国各类科研机构的事业费，对于不同类别的科研机构，其事业费的管理方式不同。国家拨给农业以及社会公益科研工作的机构事业费，它实行包干；国家拨给基础研究的科研机构一定额度的事业费，它实行基金制；在5年之内，国家逐步削减技术开发科研机构的事业费，直至基本或完全停拨；对于从事多种类型研究工作的科研机构的经费问题，国家根据其具体情况具体分析。之前，各个类别的科研机构通常都是由国家给予经费支持，就像大锅饭一样，这一系列科研事业费改革措施，打破了长久以来的“大锅饭”制度，提高了各类科研机构的积极性，核减下来的资金主要被分为三份，其中一份被国家用来作为贷款和信贷资金，面向全国的科技研究，另两份被国家用来支持国家重大科研项目以及行业技术工作。

（2）鼓励科研院所开拓技术市场（“网开一面”）

在科研事业费财政拨款制度改革之后，国家还鼓励科研院所开拓技术市场，即技术成果的商品化。为此，国家颁布了中共中央《中华人民共和国专利法》《中华人民共和国技术合同法》等相关文件与法律实施条例，制定了技术成果商业化的基本规则制度。1988 年 5 月，国务院颁发了《关于深化科技体制改革若干问题的决定》，提出“科技长入经济”。1988 年中期，时任中国科学院院长的周光召提出“一院两制”的改革措施，中国科学院通过拨款制度改革、基金制和合同制的推行，加强了研究所的分类管理，并引入竞争机制，促进科研力量向研究与开发两个方向分流重组，逐步形成了包括产品开发、工程开发、市场开发在内的技术开发体系，在前一阶段建立的以技术贸易为主的科技公司的基础上，发展出了一批技工贸一体化的大型科技开发公司，如四通、希望、联想等。

与此同时，国家还实施了若干与上述“堵死一头，网开一面”相配套的政策。

一是建立科学基金制度。1986 年 2 月，国家自然科学基金委员会成立，它的主要任务是根据国家科学技术的发展方针政策使用科学基金来指导科学技术的基础研究与应用研究相关工作。国家自然科学基金委员会的成立主要有两大好处：一方面引入科学基金制度，为基础类科研机构和基础性研究工作开辟了新的资金支持渠道，促进了基础类科研院所的稳定发展；另一方面引入了国际上科技界通行的同行评议机制，使科技人员有平等竞争的机会，也在科技界发挥了“守门人”的作用。

二是简政放权，赋予科研院所自主权。以中国科学院为例，在它于 1984 年 11 月上报中共中央书记处和国务院并得到批复同意的《关于改革问题的汇报提纲》中，提出“放手使研究所搞活，并按照各自的情况增强同产业部门、地方、企业和高等院校的横向联系”。具体而言，中国科学院下属研究所的自主权有了更多的保障，“要坚决地把权力下放给研究所，使研究所依据自己的实际情况，创造性地把工作搞活搞好，保证完成国家下达的科研任务，提高科学技术水平，独立负责地发展本门科学技术”。同时，中国科学院在1984年8月实施的计算所、物理所试行所长负责制的基础上，于1985年4月开始全面实行所长负责制，由所长全权领导研究所的业务、行政工作。所党委主要负责思想政治工作，所长决定业务方针、政策和解决其他重大问题。

三是实施专业技术职务聘任制度。1986年2月，国务院发布了《关于实行专业技术职务聘任制度的规定》，随后陆续出台了具体的试行条例和实施细则。实施专业技术职务聘任制度，目的是在建立科研人员正常的专业水平评价机制的同时，通过专业职务的设定，建立岗位责任制，形成以岗定人的用人机制，调动科研人员搞好岗位本职工作的积极性，并促成科研人员的合理流动，改变积压、浪费人才的状况。同时，通过评聘合一，与待遇挂钩，相应提高科研人员的收入水平。这项制度在一定范围取得了显著成效，解决了职称评定的问题，激发了科研人员的工作积极性，使专业队伍结构更趋合理。

2. 第二阶段：“稳住一头，放开一片”

在前一时期的改革中，科技界逐步认识到，一方面科技体制改革不可能在缺乏外部经济环境的条件下单兵突进，另一方面科技在自身取得发展的基础上才可能对国民经济发展作出贡献。基于此，1992年以后科技体制改革的核心表现在两个方面：一是加强“科技长入经济”的环境建设，表现在经济体制改革严重不到位的情况下，科学技术主管部门主动通过政策供给为科技长入国民经济创造经济环境；二是提出“稳住一头，放开一片”的院所改革方针，将改革初期“一刀切”的政策调整到分类改革的轨道上，在一定程度上扭转了前一时期忽略科学技术自身发展的现状。就科研院所而言，这一时期改革涉及的机制变化主要有：

（1）稳住科学研究特别是基础研究队伍（“稳住一头”）

由于认识到科学研究自身的发展是服务国民经济发展的根基，这一时期国家层面通过立法和专项资金为科学研究提供更有力的经费保障，旨在建立科学研究特别是基础研究的队伍。例如，1992年3月，“攀登计划”开始实施，这是一项国家基础性研究重大项目规划，在这一时期，国家连续地给予重大基础性研究项目许多的资金支持与投入，明确地展示出当时国家对于开展基础性研究的重点关注。

（2）面向经济建设主战场（“放开一片”）

“放开一片”主要指的是针对科研人员所研发创造出的科技成果予以放开，要开展各种科技成果的转化以及商业化活动，确保其以市场需求为导向进行运作，促进经济建设与社会发展。比如国家扶植技术中介机构、鼓励科研机构转型为企业化的管理方式，鼓励研究开发机构与企业合作经营，等等。在 1996 年 10 月，国务院作出的《关于“九五”期间深化科技体制改革的决定》中也提出要合理化配置科技资源，使之形成合理布局，它是对“稳住一头，放开一片”原则的进一步重申。

在“稳住一头，放开一片”的院所改革中，与各类科研院所的分类定位同步推进的，还有在以基础研究为主的科研院所中对现代院所制度的探索。这部分科研院所是国家希望稳住的科研力量，但是稳住的同时则要求这些科研院所探索建立现代科研院所的组织体制与机制。1994 年 2 月，国家科委和国家体改委在《适应社会主义市场经济发展，深化科技体制改革实施要点》中提出要“形成开放、流动、竞争、协作的科学研究机制”。以中国科学院为例，这个时期中国科学院党组开始更系统地考虑中国科学院研究所的改革问题，先后启动了旨在从单项改革推向综合配套、系统改革的“综合配套改革”和“结构性调整”的部署。但是，从实际执行效果来看，扩大科研院所自主权和院所长负责制实行顺利，双层人事制和工资制度改革有较大进展，但理事会和监事会制度则没有落实，一些新的矛盾和问题也在改革中出现。

总的来看，1985—1997 年这个阶段科研院所的改革都是围绕科技与经济的结合问题进行的。这个阶段为后来科研院所治理的许多重要方面奠定了基础，如所长负责制、竞争性科研项目、岗位聘用、分类定位等。但是，这个阶段的改革也没有完全达到预期效果。特别是由于当时整个科技界都弥漫着“短平快”和“经济效益”的价值导向，加上国家财政对于基础类、公益类科研院所的投入仍然严重不足，造成“稳住一头”的效果不佳、绝大部分科技人员工作条件较差、生活待遇较低、骨干人员流失现象严重的局面。

（四）国家创新体系建设中的科研院所

“国家创新体系”这一概念的核心是强调政府支持与市场机制的有机结合，通过制度安排建立体系中不同主体（政府、企业、科研机构、大学等）之间的网络或关联，共同推动一国经济社会领域的创新发展。20 世纪 90 年代，“国家创新体系”理论被引入中国，逐渐对中国科技体制改革产生影响，并最终成为中国科技体制改革的理论支撑，也指明了中国科研院所的发展方向。

我国科研院所的跨越式发展，伴随着国家创新体系的建设。其中，对国家创新体系建设具有重要影响的事件是中国科学院的知识创新工程的实施以及中央对 242 个行业科研院所的转制。这一时期的科研机构改革，可以说是在之前的分类改革的基础上，进一步朝着“对不同类型、分属不同部门的科研机构实行分类改革”的方向全面推进，是我国全面推行科研院所分类改革的重大尝试，也取得了重要的改革成果，奠定了目前我国科研院所体系的基本结构。

1. 国家创新体系建设的大背景

我国科研院所的跨越式发展，伴随着国家创新体系的建设。从时间先后顺序来看，作为科教兴国战略的重大举措，高等教育界首先于 1995 年 11 月经国务院批准后正式启动“211 工程”，旨在面向 21 世纪，重点建设 100 所左右的高等学校和一批重点学科。1996 年 11 月，国家经贸委制定了《“九五”全国技术创新纲要》并上报国务院，同年正式启动实施技术创新工程，依托重点国有企业，在这个工程实施期间内，我国的目标是要到 2010 年建立一个基本适应现代企业自身发展规律以及社会主义市场经济体制的技术创新体系与运行机制。

1997 年 12 月 9 日，中国科学院向中共中央、国务院呈报题为《迎接知识经济时代，建设国家创新体系》的战略研究报告。该报告分析了知识经济背景下我国面临的机遇和挑战，阐述了建设国家创新体系在日益激烈的国际竞争中的重要意义，提出我国国家创新体系建设的总体构想，建议在不断完善和继续推进技术创新工程、“211 工程”和国家其他重点科技计划的同时，依托组织实施知识创新工程，在国家宏观层面，形成完整的建设国家创新体系的总体战略布局。1998 年 6 月，党中央、国务院批准中国科学院实施知识创新工程，将其作为建设国家创新体系的试点。从此，中国科学院进入新的历史发展阶段，在凝练科技目标、调整科技布局、改革管理体制、优化队伍结构、培育引进人才、加强条件建设、扩大开放联合、培育创新文化、促进成果转化等方面采取了一系列重大改革举措，为建设中国特色国家创新体系积累了经验。

2001 年 3 月 5 日，第九届全国人民代表大会第四次会议通过我国“十五”计划纲要，首次在国家层面明确提出“加强国家创新体系建设”、实现“跨越式发展”的宏伟战略。2006 年，《国家中长期科学和技术发展规划纲要（2006—2020 年）》指出，“国家创新体系是以政府为主导、充分发挥市场配置资源的基础性作用、推动各类科技创新主体紧密联系和有效互动的社会系统”。

在 2012 年 9 月，中共中央、国务院印发了《关于深化科技体制改革加快国家创新体系建设的意见》，这其中发布了国家对我国中长期科技规划的纲要，从总体来说，针对当前的科研机构的情况，要明确其定位，确定其未来发展方向，稳定规模，优化布局，从而对其展开分类改革，促进其发展，还从多个不同类型的科研机构方面展开了规划分析。总之，国家创新体系建设成为新时期我国科研院所改革的重要背景。

2. 公益类科研院所的分类改革

2000 年《关于深化科研机构管理体制改革的实施意见》提出：“社会公益类科研机构分为不同情况实行改革。国土资源部等部门所属公益类研究和应用开发并存的科研机构，有面向市场能力的（占总数一半以上）要向企业化转制；以提供公益性服务为主的科研机构，有面向市场能力的也要向企业化转制；主要从事应用基础研究或提供公共服务、无法得到相应经济回报、确需国家支持的科研机构，仍作为事业单位，按非营利性机构运行和管理，其中具有面向市场能力的部分，也要向企业化转制并逐步与原科研机构分离。其他科研机构要向中介服务方向发展。”

截至 2001 年，公益类科研机构分类改革的推进相对缓慢，尤其是和技术开发类科研机构相比。这类机构主要依靠政府财政投入的局面没有得到有效改变，一些院所生存和发展面临着较大困难；受体制、机制和观念的制约，科技第一生产力的作用和科研人员的积极性未能得到充分的发挥，科研实力和成果水平远不能满足发展的要求；在相当一部分公益类科研机构中，只有1/3左右的科研人员长期承担政府科研项目，而1/2以上的人员从未承担过政府任务，大部分经费用来养人，造成科技资源的浪费；全国公益类科研机构有2400多个，机构分属于不同的部门和地方，交叉重复现象严重。①

同一时期，中国科学院实施的知识创新工程试点进展顺利，并以此拉开了国家创新体系建设的序幕，为我国基础类和公益类的科研院所带来了重要的发展机遇。借鉴中国科学院知识创新工程的经验，中国农业科学院、中国社会科学院等科研院所也在党中央、国务院的批准下启动了类似的创新工程。其中，中国社会科学院于2011年9月正式启动哲学社会科学创新工程，通过严格认真的检查考核，符合准入资格、达到各项准入条件的院属签约单位分批次进入创新序列。2013年1月，中国农业科学院正式启动实施科技创新工程（2013—2025年），围绕服务产业重大科技需求、跃居世界农业科技高端两大使命，以建设世界一流农业科研院所为目标，着力突出体制机制创新，进一步激发创新活力和提高创新效率，解决我国现代农业发展中的重大科技问题。顺利完成知识创新工程试点的中国科学院，根据2013年7月习近平总书记在中国科学院考察工作时对中国科学院未来发展提出的"四个率先"的更高要求，于2014年启动实施率先行动计划。这些工程和计划，不仅仅是之前"稳住一头"方针的延续，更体现了国家创新体系建设时期党中央、国务院对我国基础类和公益类的科研院所更好发挥作用的期许。

3. 技术开发类科研院所的转制

对于与市场更为接近的技术开发类科研院所而言，科技体制改革以来始终处于科技与经济如何更好结合的风口浪尖上。20世纪90年代末期，"科学技术是第一生产力"的理念已经广为人知，但是科技与经济脱节的问题仍然十分突出，同时，科研机构队伍庞大、机构重复、人浮于事，政府行政干预过多。在这样的背景下，1999年8月，中共中央、国务院作出的《关于加强技术创新，发展高科技、实现产业化的决定》，提出"推动应用型科研机构和设计单位实行企业化转制"，

① 徐冠华．科技部部长徐冠华谈深化社会公益类科研机构改革的基本思路和工作部署[J]．中国信息导报，2001（09）：5-7.

2000年《关于深化科研机构管理体制改革的实施意见》提出，“技术开发类科研机构实行企业化转制。国家电力公司、中国石油化工集团公司、中国石油天然气集团公司、中国建筑工程总公司、中国汽车工业总公司等企业所属科研机构已经进入企业，要办理事业单位注销手续；作为独立企业法人的要办理企业登记手续。建设部、铁道部、交通部、信息产业部、药品监管局等部门所属技术开发类科研机构，要通过转为企业或进入企业等方式向企业化转制，与原部门脱钩；为国家经济和社会发展提供重大基础性或共性技术服务，无法得到相应经济回报的个别科研机构，通过调整结构、优化组合形成一支精干队伍，这些科研机构可以由原部门（单位）继续按事业单位管理。承担军事科研任务的科研机构，原则上也要向企业化转制，具体转制方式和管理体制另行制定”。这两份文件正式拉开了我国中央所属技术开发类科研院所转制的序幕。

对于技术开发类科研院所改革的目的和作用，1999年5月，时任中共中央政治局常委、国务院副总理李岚清在参加国家经贸委管理的10个国家局所属242个科研机构改革座谈会时谈及，“242个科研机构的转制将对全国科技体制改革起到重要的示范带动作用，这次242个科研机构与原主管部门脱钩，也是实行政事分开的试点工作，为全面开展事业单位的改革探索道路积累经验”。2000年7月，李岚清同志出席国务院其他部门属科研机构体制改革座谈会时再次提出，“通过企业化转制使技术创新的巨大能量释放到市场中去，解决长期以来科技与经济‘两张皮’和科技成果转化难的问题，培育和发展出一批具有强大技术创新能力的高新技术企业”“有利于科技成果面向市场，实现产业化，促进我国经济结构的优化和发展，也有利于政府机构的改革和职能的转变，使政府部门能更好地集中精力于全行业的宏观管理，做好政府应当做的制定行业规划和政策法规并监督执行等工作”。①

此后，绝大部分中央所属技术开发类科研院所先后通过转制为科技型企业或中介服务型企业、进入企业、相互重组为企业、与企业实行并购等模式，增强

① 光明日报．全面推进科研机构管理体制改革为经济建设和社会发展服务[EB/OL]．（2000-07-12）[2023-07-10]．https：//www.gmw.cn/01gmrb/2000-07/12/GB/07%5E18479%5E0%5EGMA1-115.htm.

了技术创新能力和产业化能力，实现了企业化转变。此次转制改革始于 1999 年，分两批实施。1999 年，第一批涉及煤炭局、机械局、冶金局、石化局、轻工局、纺织局、建材局、有色局、烟草局所属 242 个研发机构；2000 年，第二批涉及建设部、铁道部、交通部、信息产业部、药监局、中科院、国电公司、中石化公司、中石油公司、中建总公司、中汽总公司所属 134 个研发机构。两者合计共涉及 376 个研发机构。改革的结果是：转为企业或进入企业的研发机构 317 个，转为中介机构的 32 个，撤销、合并或进入大学的 27 个。尤其是在转制最为密集的 2004—2009 年，每年转制到位的科研院所都有 360 家左右。[①]

从转制效果来看：（1）只有一些原来实力很强的国家级行业性科研院所仍在发挥为行业服务、为企业服务的作用，绝大多数转制院所将生存放在首要位置，把为行业服务、为企业服务放到次要位置。（2）在谋生存和促发展的过程中，转制时定位准确与否直接关系到技术开发类科研院所的生存与发展。从中冶建筑研究总院有限公司、中钢集团洛阳耐火材料研究院有限公司、中国重型机械有限公司等成功企业化转制科研院所介绍的实践经验来看，在他们做强的过程中一般经历了求生存、谋壮大、争领先等三个不同的发展阶段，而在不同发展阶段中，企业化转制科研院所的定位和发展目标至关重要。（3）相当一批转制科研院所（无论是原中央部委的大科研院所还是地方中小型科研院所），由于没有长远的目标和没有解决当前企业面临的主要发展问题，且国家对转制科研院所的发展目标缺乏一个正确定位，因此这些转制科研院所面临很多困难。

近年来，坚持技术开发类科研院所企业化转制，仍然是我国科研院所改革所坚持的方向。但是，也为部分转制科研院所回归公益提供了途径。2015 年，中共中央办公厅、国务院办公厅印发的《深化科技体制改革实施方案》指出，对于承担较多行业共性任务的转制科研院所，可组建产业技术研发集团，对行业共性技术研究和市场经营活动进行分类管理、分类考核。推动以生产经营活动为主的转制科研院所深化市场化改革，通过引入社会资本或整体上市，积极发展混合所有制。对于部分转制科研院所中基础能力强的团队，在明确定位和标准的基础上，

① 所云鹏．中铁西南科学研究院转制及企业管理战略研究 [D]．成都：西南财经大学，2023.

引导其回归公益，参与国家重点实验室建设，支持其继续承担国家任务。

4. 当前我国科研院所体系的结构

经过中华人民共和国成立以来特别是科技体制改革以来长达半个多世纪的探索，我国科研院所形成了服务国家创新体系（尤其是知识创新体系和技术创新体系）建设的总体体系（图 5-1-1）。该体系主要由以下几个部分组成：国务院直属科研机构（中国科学院等）、部委下属科研机构（中国农业科学院等）、省市等地方科研机构（广东省科学院等）、转制科研机构（中国航天科工集团有限公司等）、新型研发机构（中国科学院深圳先进技术研究院等）。其中，地方科研机构、转制科研机构和新型研发机构等之间存在一定的交叉。

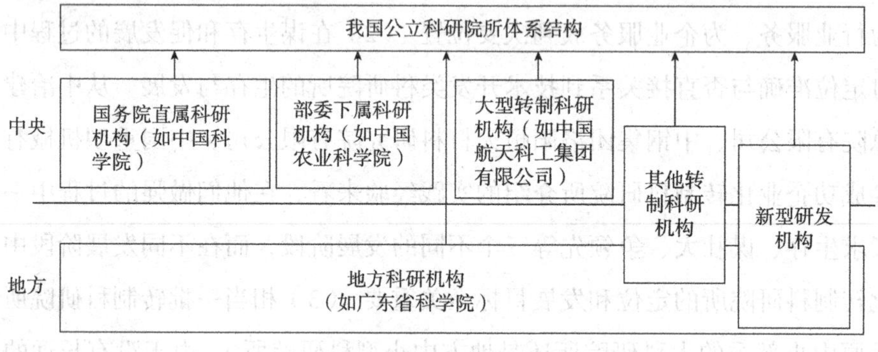

图 5-1-1　当前我国科研院所体系的结构

二、科研院所发展建设的相关建议

（一）加强顶层设计

在科研院所发展建设方面，要加强顶层设计，需要从三个层面展开，分别是政府层面、社会层面和市场层面。第一，政府需要成立科研院所相关的领导小组，设立在国务院有关部门，由它负责科研院所的重大专项顶层设计、重大决策以及组织协调等相关事务。第二，在社会层面，要鼓励科技服务行业协会、第三方独立评估专业机构、全国科研院所联合会的创办，在社会层面上加强对科研院所发展建设的支持力度。第三，在市场层面上，要成立全国科技创新企业家理事会，下设科技创新交流论坛，大家可以在这个论坛内发布科技相关的创新动态信息，及时查看，相互交流经验与意见。

（二）规范财政支持

（1）在产业共性技术发展基金预算总额度内，政府各职能部委负责设计、管理其职权领域内的科研项目。科研经费一部分通过退税、补贴的方式资助企业，另一部分则通过“科研竞赛”的悬赏方式在全社会汲取民智。而对于一些被市场看好的项目，鼓励科学家或科研院所通过企业资助、风险投资等民间渠道解决经费问题，政府则加大减免税款、配套支持、购买服务和后资助力度。

（2）对于财政给予科研院所产业共性技术的投入，要严格审计。这主要包括三个方面：一是指科研院所的财政投入支出等要公开其报表，使公众能够很清晰地明确科研项目的投入支出情况，对其进行监督，以确保纳税人的知情权得到保障；二是指要严格限定科研院所的财政经费的主要使用目的，每一笔花费都能够追溯其源头，严格限定财政经费的模糊的使用目的，如“杂费”“劳费”等等不能被视为主要开支，要尽可能减少这类使用目的；三是指各方要严格审核项目经费细目，无论是地方审计局，抑或是接受项目的科研院所，还是出资的政府部门，无论是哪一方，都要做好仔细审核工作，当发现其中存在某些不实行为的时候，都要立刻终止资助并追究责任。

（三）深化人事制度改革

在科研院所内，知识储备丰富、思维活跃、有创新精神的科研人员往往能够创造出一些科研成果，这并不稀奇，但是，科研成果的转让与商业化发展并不是一件容易的事情。

（1）在这种情况下，知识产权局可以在科研院所内设立知识产权服务机构，由知识产权服务机构内的专业服务人员为科研院所内的科研人员的科技成果提供转让与商业化发展的途径和方法，引导其科技创新成果与社会需求进行对接，鼓励科研院所以知识产权入股或者是进行产学研合作的方式获得资金，并增加其对资金的自主分配权。

（2）科研院所要尊重科研人员的智力资本，鼓励科研人员的科技成果的转让，转让的科技成果最终获得的收益将在科研院所内部按照成本原则进行分配，参与分配的人包含科技创新科研人员及团队、行政职务的团队负责人、科研院所三方。

（四）搭建网络平台与区域平台

（1）科技创新领导小组要依据其科技创新的相关项目、数据、财务、管理等各个方面建设一个全国科研项目管理系统，在这个项目管理系统内完成科研项目的申报、用户的管理、财务的管理等多项工作，这个全国科研项目管理系统对资源进行了整合，可以记录科技创新相关数据，能够实现资源与数据的共享。

（2）聚焦产业重大需求，抓紧建设一批公共产业技术创新服务平台，优化要素配置，鼓励企业或企业联盟建设中试基地。鼓励高校科研院所、金融机构及其他社会主体与企业共建产业技术创新服务平台和中试基地。各地有规划、有步骤地安排专项经费支持平台和中试基地的建设与发展，特别是在战略性新兴产业领域，鼓励、支持平台和中试基地面向社会的开放共享与服务。

第二节　中国科技创新体系建设之高等院校

高校是科教结合的知识创新体系的主体，研究型大学在开展高水平科学研究的过程中，科研组织的发展至关重要。先进的科研组织管理模式，可以有效地提高科研工作效率。目前我国高校的科研组织模式还处在不断的发展改革过程中，根据科学技术发展的时代特点，制定适应于科学技术活动发展特征的科研组织方式，这将有利于科学技术活动更好地开展，同时充分促进科技与经济的结合，使科技更好地服务于经济社会发展。

一、高校科研管理模式的演变历程

（一）中华人民共和国成立初期

在中华人民共和国成立初期，我国大多数高校的科研实行的是三级科研组织模式，即校、院（系）、研究所（教研室）三级。在高校内，还有一种传统的系所合一科研体制，在这种体制内，科研依附于教学，即各个院系可以设立研究中心或研究所等科研机构，教师可以个人申领科研课题或项目，也可以组成课题组进行研究，高校院系设立的研究所或研究中心仍然被高校院系进行管理。高校的科研管理模式就是“科研处或科技处—院系科研负责人—院系科研秘书”这种。

在高校中，负责管理全校科研工作的部门就是科技处或者科研处，在不同的高校中可能有着不同的称呼，但其任务大同小异。它会根据科学技术的基本方针政策以及本校的具体情况为全校制定科研工作规划，让全校依据这个科研工作规划进行本校的科研工作，对全校各个部门的教师与学生的科研项目进行管理，包括科研项目申请、科研经费资金管理、科技成果评奖工作等等，它还负责组织全校的科研活动，以促进科研工作的持续进步。科研处或科技处主管全校的科研工作，在它之下的细致的院系科研管理工作由每个院系的科研负责人负责。每个院系的科研负责人与科研处、科技处共同分工合作，推动着整个学校科技的进步与发展。

高校内的系所合一的科研体制，与高校内的教学组织结构十分相像，优化了教学与科研的力量组合，二者合一，精简了机构，提高了教学水平与科研水平，更加有利于进行高校人才培养。

在管理体制上，实行中央对高校的统一集中领导。1953 年 10 月，中央人民政府政务院发布的《关于修订高等学校领导关系的决定》规定，高等教育部颁发的有关全国高等学校的建设计划、财务计划、财务制度、人事制度、教学计划、教学大纲、生产实习规程以及其他重要法规、指示或命令，全国高校均应执行。

（二）改革开放时期

自从改革开放政策实施以后，我国开始迅速发展起来，实现了经济的腾飞，国家的科技制度也经历了深远的变革，我国在科技方面的投入也大大增加了。在这一时期，我国科技基础研究的主要力量就是高校，其不断地进行深入理论探究，十分活跃。针对高校科技体制改革，国家也出台了一系列的政策，指导其不断发展。随着科教兴国战略的提出，以及“211 工程”和“985 工程”的启动，高校的科学研究得到空前发展，科研能力和科研水平不断提升，科研经费大幅增长，科研成果也不断涌现。

“211工程”，即面向21世纪重点建设100所左右的高校和一批重点学科的建设工程。“211工程”于1995年经国务院批准后正式启动。“211工程”是中华人民共和国成立以来由国家立项在高等教育领域进行的规模最大、层次最高的重点建设工作，是中国政府实施科教兴国战略的重大举措，是中华民族面对世纪之交的国内、国际形势而作出的发展高等教育的高瞻远瞩的重大决策。“211工程”建设是国家发展和改革委、教育部、财政部通力协作，调动各方积极性，体现社会主义集中力量办大事的优越性的成功典范。“211工程”建设的总体目标是面向21世纪重点建设一批高校和重点学科，经过若干年的努力，使100所左右的高校和一批重点学科在教育质量、科学研究、管理水平和办学效益等方面有较大提高，在高等教育改革特别是管理体制改革方面有明显进展，成为立足国内培养高层次人才、解决经济建设和社会发展重大问题的基地。其中，一部分重点高校和一部分重点学科，接近或达到国际同类学校和学科的先进水平，大部分学校的办学条件得到明显改善，在人才培养、科学研究上取得较大成绩，适应地区和行业发展需要，总体处于国内先进水平，起到骨干和示范作用。“211工程”的实施，体现了党和政府对高等教育的高度重视，是服务于我国“两个百年”奋斗目标，贯彻落实科教兴国和人才强国战略的具有前瞻性的重要举措。

实施“985工程”，是党中央、国务院在世纪之交作出的重大决策，是落实科教兴国和人才强国战略的重大举措。1998年5月4日，江泽民同志在北京大学建校100周年庆祝大会上指出：“为了实现现代化，我国要有若干所具有世界先进水平的一流大学。”[①]“985工程”建设随即启动，北京大学、清华大学首先获得国家较大力度的支持。紧接着，教育部与有关部委、省市签订协议，对部分基础好、水平高的高校进行共建，并给予重点支持。“985工程”经过第一期、第二期的建设，取得了显著成果，给高校注入了强大的生机和活力，有力地推动了高校的学科建设、队伍建设、科学研究、人才培养和社会服务工作，缩小了我国高校与世

① 王建华. 第三部门视野中的现代大学制度 [M]. 广州：广东高等教育出版社，2008：164.

界一流大学的差距。为形成长期稳定持续增长的投入机制，下一阶段“985 工程”建设由“分期建设”调整为“长期规划、动态管理、分段实施”。

随着深入实施“985 工程”，在学校之内，学科交叉融合逐渐成为科研发展的重点工作。从 2003 年开始，无论是国际还是国内，“大科研”逐渐发展起来，变得越来越受人关注，到了 2006 年，“大科研”的步伐得到了进一步发展，我国国务院宣布启动 16 个国家级的科技重点项目，在未来的几年内将会一直研究发展“大科研”的相关项目。

高校的科研管理模式脱胎于高校的教研室，随着国家科技体制与政策的不断调整演变，高校的科研管理模式也在发生着改变，并逐渐适应。随着社会需求的扩大，单一学科很难解决实际中的问题，多学科交叉而产生一批研究中心和研究院。随着国家科研投入的不断加大，大科学、大工程需要大交叉、大团队的集体攻关，于是在大学中又产生了一批独立研究机构，更加重视团队，重视科研探索的深度，重视和保障科技工程的质量。

（三）“双一流”建设时期

进入 21 世纪，我国的大学在人数规模、资金投入、高水平实验室建设、论文发表数量和学术干劲上确实进展神速，令世界瞩目。近年来全面推进“双一流”建设，更是高等教育组织变革的一波巨浪。“双一流”包含两个内容，分别是一流学科和一流大学，我国的“双一流”建设是从 2015 年《统筹推进世界一流大学和一流学科建设总体方案》的印发开始发展起来的。“一流”的大学必须要有这几个特点，即办学实力比较强、办学理念先进、社会认可度高等等，而且，它还必须要是经过长期重点建设的学校，要有一系列在国际与国内都遥遥领先的高水平学科。

2017 年 9 月，教育部、财政部、国家发展改革委公布世界一流大学和一流学科建设高校及建设学科名单，全国共有 137 所高校、465 个学科入选。[①]

“双一流”建设，对高校科研组织管理模式的调整影响很大，其创新之处体现在：

---

① 胡建华. 双一流建设与高校学科发展 [M]. 南京：南京师范大学出版社，2021：77.

1. 学校优势并不代表学科优势

传统的以强势学科带动弱势学科从而使高校入选的方式导致了对弱势学科的不重视，加剧了弱势学科的身份固化现象。学科的共生性，要求我们在重视一流学科建设的同时，必须同步建设和发展与一流学科相关的相邻学科，特别是基础性学科。“双一流”建设“坚持以学科为基础”，将“一流学科建设高校”和“一流大学建设高校”并列，凸显了学科建设之于高等教育发展的重要性。

2. “双一流”建设建立了动态调整、能上能下的机制

“双一流”高校并不是固定不变的，而是每五年为一个建设周期，引入竞争机制，控制进入“双一流”高校的数量，建设动态调整、能上能下的机制，使那些无法进入“双一流”高校的大学，也能够以学科的身份藏入其中。这与英国的高等教育质量评估相似，也是五年举行一次学校评价，排名直接决定了拨款委员会的投入。

3. 采取认定而非申报的遴选方式

全国的高校与学科采取的是认定的方式来参与“双一流”的遴选，它的遴选依据是第三方的数据，而不是申报制，之前的申报制的遴选方式需要高校花费大量的人力物力，写材料、组织活动等等，浪费了高校宝贵的时间和精力，与之前的遴选方式相比，这种“双一流”的遴选方式是一个极大的创新，它更加强调公正和公平，竞争环境也更加开放。

二、高校在科技创新体系中的地位和作用

（一）高校是创新人才培养的基地

美国的一些研究型大学长期以来形成了一个不成文的规定，即对每一位教师和学者而言，不出成果就死亡。意思是说，教师在本校工作期间（劳动合同规定的时间）内，如果没有及时出版相应数量和质量的著作或论文，就没有权利得到学校的续聘，只能走人。无独有偶，美国福特公司前总裁也说过，不创新，就灭亡。这些话虽然只是就某些学校或者公司讲的，却有着普遍的适用意义。在当今激烈的国际竞争面前，高校肩负着培养创新人才的重要职责。

教育，在本质上是培养人的社会活动。传授科学知识，训练技能技巧，发展人的智力能力，丰富人的思想道德，是教育的基本任务。而就高等教育来看，高等教育具有巨大的经济功能、政治功能、文化功能和促进个体身心发展的功能。培养人才、发展科学和为社会提供服务是高校的基本职能。我们看到，不管是教育的基本任务，还是高等教育的基本功能和高校的基本职能，它们都是要通过培养造就人才实现的。高等教育之所以能够推动整个社会经济、政治、文化、科技的发展与进步，是因为高等教育及其活动直接培养造就了成千上万的具有创新品质的各级各类人才。试想，如果教育只是简单地复制社会经验，并将这些复制的经验再复制给受教育者，那么，这个社会就只能原地踏步，根本无法走向新生，又何谈发展、变化和飞跃呢？教育就是靠知识创新、人才创新来达到更新社会和变革社会的目的的。

系统的科学知识是创新人才成长的前提条件。知识是人们对内部和外部世界的间接的、概括的反映，是在生产生活实践中积累和发展起来的认识成果。知识可以分为直接知识和间接知识，系统知识与非系统知识，日常知识与科学知识。系统的科学知识，是指那些经过人的长期反复实践和认识，获得的关于内部外部世界概括化了的理论知识体系，是人对客观世界全部图景的主观把握和本质及其规律的揭示。人类的知识经历了一个从少到多、从简单到复杂、从零碎到系统条理、从粗浅到不断深入的发展过程。人类知识本身是一个整体，人类正是依赖于知识、依赖于经验才与外部世界取得平衡的，也正是依赖知识和经验才达到与外部世界进行信息、物质、能量的交换的。人凭借知识和经验，在人与人之间、人与群体之间实现思想交流、情感沟通和资源共享。离开了知识和经验，人与动物无异，人的发展是不可想象的。

（二）高校是科技创新的基地

高校除了直接作用于人才，培养其创新品质外，对科技创新也产生直接的影响。

我们知道，现代高等教育具有三大职能，即培养专门人才、发展科学知识、为社会服务，其中发展科学知识是高校的重要职能。高校不仅是人才培养的中心，也是科学知识和科学技术生产、发展的中心。

现代高校在科技生产和创新中具有得天独厚的条件。一方面，高校学科专业齐全，学者云集，高校在基础科学研究中的地位是其他单位（生产部门和专门研究机构）所无法替代的。据统计，在我国，高校每年所取得的基础科学成果，相当于国家全部基础研究成果的3/4，所取得的基础研究经费占全部经费的1/2。在应用研究方面，高校也有自己的地位，2012 年到 2021 年，高校专利授权量从 6.9 万项增加到 30.8 万项，专利所有权转让及许可从 2357 项增长到 15000 多项，专利转让金额从 8.2 亿元增长到 88.9 亿元，发挥了重大的经济和社会效益。[①] 现如今，高校已经从过去的经济社会的边缘走向经济社会的中心，高等教育的科技功能、文化功能日益显著，以至于高等教育已成为现实的社会生产力。世界上每个国家都十分重视开发高等教育的知识创新功能，围绕高等教育展开的知识竞争和人才竞争也相当激烈。

在世界范围内，创新经济引发了新的科技创新和科技竞争高潮。发达国家纷纷启动了自己的科技创新体系，实施科技创新工程。高校不仅是科技创新体系的重要一环，而且它还与工业相联结，形成学、研、产一体化序列。美国的硅谷、218 号公路、英国的剑桥工业园区、北京的中关村等等，这些都是现代工业、科技与大学结合的产物，不仅产生出大量的新知识新技术，而且也催生出新的科技产业、信息产业和教育产业。现代社会工业和经济的发展，离开了高校的参与，就没有任何根基。

三、高校科研组织发展建设的相关建议

（一）加速政策扎实落地

针对高校科研组织，近些年我国颁布了一系列相关文件，在管理体制、人才培养、评价机制、产学研合作等多个方面提出了改革措施，目的是促进其快速发展起来。要促使其快速发展，各地高校就要行动起来，结合本校实际情况，深入

① 中华人民共和国政府. 高校专利数量质量实现双提升 [EB/OL].（2022-08-24）[2023-07-10]. https：//www.gov.cn/xinwen/2022-08/24/content_5706682.htm.

解读重要文件的思想理念、政策措施，从而及时跟进本校科研组织的发展建设，加速相关政策的扎实落地。例如，习近平总书记论述了关于基础研究和科技创新的重要内容，各高校应当深入理解其思想、政策与理念，增强科研人员对原创性基础研究工作的重视，加强顶层设计，激励其努力进行原创性基础研究工作，打下坚实基础，引领其更好地实现科技创新。

（二）树立科学管理理念

随着互联网的高速发展以及近几年来疫情的冲击，“云端”办公变得越来越流行，这已经成为当下时代的一种发展趋势，一些高校内部那种线下的科研组织逐渐跟不上时代的发展，必须要对其加以改革创新。高校要树立科学管理理念，科学管理高校的科研组织，认识到其专业性，大力推进建设科研组织的管理平台，这样，科研资源得到了有效的整合，避免了资源浪费。与现实生活中单一的纸质记录或网上表格记录相比，在这个管理平台之内，其科研数据也实现了很好的保存、记录与共享，同时也能够更好地实现与校内其他管理系统的数据对接，确保了数据的合理有效使用。在科研组织管理平台内部，高校还要大力实现与上级管理部门的数据互通以及科技创新，努力促进管理平台一体化的实现，减轻一线科研人员的工作量，更加便利地与上级部门实现交流与合作。

（三）建设科研人员满意的服务型管理

针对高校科研组织发展建设来说，提高建设科研人员的满意度，建设科研人员满意的服务型管理也是十分重要的，这也能够激励其更好地开展相关工作，提高工作质量和积极性。近些年来，“放管服”改革不断推进，在科研领域，高校要根据本校的实际情况，深化“放管服”改革，进行全面的顶层设计和整体规划，出台相关方案；确定相关方案之后，为了确保其能够做好落地实施工作，还要做好其政策方案必备的支撑保障，即改革旧的管理体制，对其加以创新，仔细厘清服务流程，使之顺畅实现，还要对学校中的环境、设施等加以优化，使之与高校科研组织相关服务方案相契合，满足高校科研人员的需求；在绩效评估方面，要打造高效透明的科研管理队伍，准确地发挥专家学者、职能部门、第三方评估机构以及人民群众的监督作用，从多个方面对其进行评价，确保高校科研组织服务管理的评价可信度，推动其不断地改进和建设。

（四）强化系统性培训机制

随着时间的推移，社会的发展，各种科研也逐渐变得越来越深入，这就需要科研人员必须具备扎实的理论知识、熟练的技术操作以及极具创造性的思维能力。另外，科研管理人员的工作范畴也逐渐变得越来越深入和全面，从国家科技改革、日常项目管理以及下游成果转化等各个环节都离不开科研管理人员的深入参与，因此，对高校科研组织发展建设来说，强化对科研管理人员的培训尤为重要。要将科研管理人员培养成真正的科研管理专家，要从多个方面对科研管理人员进行系统化培训，比如国家科技管理部门的政策宣讲、专业类似院校的经验交流、国际先进管理经验的学习、学校管理专业的课程讲授以及深入相关工作的业务实际操作中去等等。

（五）创新激励评价机制

如今，随着高校管理改革的推行和去行政化的实施，高校中行政人员的数量不断减少，这使得高校中开始出现任务与人员无法配平的现象，因此，高校中的人员有一部分开始身兼多职，承担的压力与责任逐日递增。在这种情况之下，要想发展建设高校科研组织，高校必须要创新激励评价机制，赏罚分明，对高校科研管理人员进行科学有效的考核评价与激励。对于那些工作态度比较好、工作能力比较强、科研最终结果成就比较好的科研管理人员给予相应的鼓励，对于那些工作态度不好、工作失误比较多的科研管理人员，则要予以批评和惩戒。在创新激励评价机制的时候要注意从物质层面和精神层面两方面入手，这样也能够更好地激发科研管理人员的工作热情和创新能力。

（六）坚持产学研相结合

1. 产学研相结合要以提高人才培养质量为核心

产学研相结合，其中“产”就是指产业，“学”就是指学习，“研”就是指科研，所以产学研相结合就是指要将产业、学习、科研相结合。随着时间的推移，科学技术日新月异地进步，社会发展得越来越好，当前世界各国都面临着一个严峻的挑战，那就是如何培养具有创新精神、实践能力以及适应未来经济建设需要的高素质专门人才。在产学研结合中，核心任务是提高人才培养质量，为社会、国家培养高质量、高素质的人才，这也是高等教育以及现代社会对人才培养的基本要求。高校要提高人才培养质量，这就需要解决好两大问题：一是要解决高等教育与现代社会相脱节的问题，加强高校与社会之间的联系，建立新型关系促进二者的共同发展；二是要对旧有的人才培养模式进行改革创新，建立新的人才培养模式，促进高校人才的全面发展，使其能够与社会主义市场经济的发展相契合。归根结底，这两大问题其实都是高校人才培养与现有社会需要之间的问题，是社会与高校的交汇点，与产学研有着密切联系，要想解决这两个问题，就要坚持产学研相结合，这样，才能够更好地提高高校人才的培养质量。产学研相结合对高校人才培养所起到的重要作用主要表现在以下几个方面：

（1）推动高校的教学改革

面向社会主义市场经济需求的高校教学改革主要体现在“主动适应”上。所谓主动适应，一是高校的专业设置和学校建设应主动适应，二是高校要培养出具有较强适应能力的全面发展的高质量人才。从国内高等教育的实践来看，产学研相结合的实施能有效推动高校的教学改革沿着“主动适应”的方向向前发展。

社会主义市场经济对人才的需求是多样的，而高等教育对这种人才需求又必须做到适度超前。在产学研相结合的实施过程中，学生可以在学校中学习，也可以到企业中实习，这强化了其对知识的理解，提高了其实践能力。对于高校来说，它能够了解到企业与社会在不同时期对于人才的需求，也可以根据产学研结合的预测信息，对高校的人才培养方向进行调整，改变人才培养模式、培养出符合社会需要的人才。

高等教育要增强主动适应社会发展的能力。迎接市场经济对人才知识结构的挑战，关键还是要提高人才适应能力，高校的教学改革要围绕这一要求来进行，要及时调整专业方向，更新教学内容，提高毕业生的综合素质和适应能力。这是提高人才培养质量的核心工作。产学研相结合有利于提高人才培养质量，在这种结合的实施中，学生通过参与科研和生产实践，深化书本理论知识。在学校课堂内，学生们往往只是接受知识；在实践过程中，学生可以锻炼其技能，深化对知识的理解；而在产学研相结合的过程中，学生可以综合应用多种知识，学生利用所学的理论知识解决科研与实践中遇到的实际问题的过程，就是学习与应用之间的转化过程。在这个转化过程中，往往转化成绩较好的学生在未来社会中才能有更好的发展前景。

（2）培养提高学生的非专业性素质

随着社会的发展，它对高校人才的要求越来越高，学生不仅要具备深厚的知识储备、熟练的实际工作能力，还必须要有与现代社会相适应的非专业性素质，非专业性素质包含多个方面，比如兴趣爱好、意志、人格、品质、感情等等。如今，社会主义市场经济体制要求高校人才要具备综合性的素质。与知识、技能等专业性素质相比，非专业性素质往往在人才成长中扮演着至关重要的角色，它是决定一个人是否能够成功发展事业和自我的关键要素之一。一个受社会欢迎的优秀人才，不仅要有坚实的专业基础、干练的工作能力，还要具备良好的心理素质、满腔的工作热情、强烈的社会责任感、坚强的意志和追求完美的进取心和自信心。这样的人将成为社会进步的中坚力量。然而，仅仅依赖学校教育是无法培养出这种综合性的高素质人才的，必须要通过多方面的培育才能够成功。而产学研相结合可以为学生的培育提供良好的发展环境，有助于学生的多方面成长。

（3）加快大学生的社会化进程

环境对人才的培养质量具有重要意义。高校为学生创造了良好的读书环境，提供了获取学科理论知识的良好条件。然而，大学校园生活很短暂，学生终究要毕业走出校门，走上工作岗位。社会环境与校园环境有很大不同。如何使学生从封闭的校园生活走向社会，两者的“接口”问题长期未能得到满意的解决。学校教育使学生刚出校门后，不能适应社会环境，存在不同程度地脱离社会、脱离实际的现象，对国情缺乏了解，现代科技知识不足，动手能力和解决问题的能力不强，需要经历好几年的调适期，才能独立工作，才能真正融入社会。从理论上讲，这是大学生社会化问题。大学生在学校上学的时候大部分是待在校园之内，在校园内学习与生活，他们的心理还未完全发展成熟，有时候可能会有一些比较幼稚的心理。在大四即将毕业的时候，大学生要告别校园生活，走上社会，求职就业，这时候很容易就会遭受一些挫折与困难，从而使其缺乏自信心，情绪低落，甚至有时候产生轻生的想法，这主要是因为学生还未完全适应陌生的环境。因此，高校要将产学研结合到一起，使学生走入社会，多多接触社会，多多接触不同于学校的环境，从而逐步适应社会环境。同时，产学研也能够更好地增强学生的知识储备，强化其对知识的理解，提高学生的研究能力和实践能力，有利于学生的未来就业。

（4）丰富高校教育的内涵

之前，高校教育就是指教会学生知识与技能，完成教育教学任务，如今，随着社会的进步，高校的教育内涵也发生了变化，变得越来越丰富。产学研相结合的教育，使得学生不仅仅是在课上接受知识与技能，而且还要在课下参加一系列社会生产实践活动，运用自己所学的知识技能为社会创造财富，要完成科学研究、获得科研成果并将其转化为社会生产力，为社会发展添砖加瓦等等。

在产学研相结合的教育之中，学生获得了综合的、全面的、深刻的培养，具体来说，学生既在学校环境内学习，又在社会环境中学习；学生既接受知识传授，又进行科学研究；学生既进行理论学习，又进行实践学习；学生既锻炼了其动手能力，也锻炼了其理论、思维能力。在这个过程中，高等教育的育人规律通过产学研相结合的教育得到了深刻的体现。

2. 产学研相结合要以现代科研为先导

随着科学技术的迅速发展，如今高等教育对科学研究方面越来越关注，产学研相结合的发展方向逐渐被现代高等教育所接受，变得越来越受人推崇。产学研相结合中的“研”就是指科学研究，在“产”“学”“研”之中处于关键地位，是生产劳动与高等教育的结合点。坚持产学研相结合，就要以现代科研为先导，这样，才能够促进二者之间的结合。

以现代科研为先导推动产学研相结合的现实意义在于：

（1）提高高等教育质量

在产学研相结合的过程中，学生们除了要学习之外，还要参与各种社会实践活动以及科学研究活动，这有助于他们加深对所学知识的印象，锻炼其所学技能，提高其实际工作能力，同时也有助于培养学生的创造性思维与能力，培养创造性人才，促进其全面发展。而且，产学研相结合也有助于高校的开放，使更多的民间资本与社会力量参与到办学之中。

（2）对高新技术产业化起到推动作用

同世界上其他发达国家相比，我国的高新技术产业并不是十分发达，但是在国家政府长期的支持发展之下，还是有一些比较好的高新技术产业，不过，在当今社会中高新技术的产业化发展并不是十分理想。因此，需要以现代科研为先导，做好产学研相结合的高校教学。这主要是因为产学研相结合能够有助于做好科技成果转化工作，将科技研究结果转化为现实的社会生产力，从而促进经济发展。高新技术通常诞生于科研院所以及高校，其科研技术成果要想实现成果转化，实现产业化发展，就必须要寻求社会相关企业的力量，在这个过程中又离不开科研院所以及高校等单位，又因为产学研相结合的模式能够实现二者的良好结合，因此，产学研相结合能够促进高新技术的产业化发展。

3. 产学研相结合要以产业发展为依托

随着时间的推移，社会的发展，现如今已经是知识经济时代，知识与经济紧密结合，密不可分。随着接受教育的人越来越多，接受教育的途径变得越来越丰富多样，人们所接受的知识越来越多，而知识的不断生产能够推动技术的不断创新，知识的快速传播、吸收与应用又能够推动经济的发展，因此，教育、科技与经济三者之间有着十分紧密的联系，缺一不可，相辅相成。产学研相结合依托于现代产业的发展，展现出了知识与经济的紧密结合。

（1）产业发展是高等教育与科学技术发展的基础

社会主义现代化建设的任务，就是为了满足国家经济建设对各类人才的需求。高校所培养的人才要与现代企业、社会所需要的人才相匹配，随着现代企业、社会的发展，高校所培养的人才也在不断地改变。高校以及科研院所等科学技术的创新与提高也不是凭空而来的，必须要以社会物质文明作为基础与动力，也就是说，高等教育与科学技术发展与社会各项产业的发展息息相关，社会各项产业的经济发展是高等教育与科技发展的物质基础。

随着新技术革命的发展，产业内部也出现了一系列的变化，一些传统产业已经不再与现代社会以及人们的发展需求相适应，逐渐被淘汰，一些新兴产业也在不断地兴起，在这个过程中，产业不断分化，产业结构也在不断地调整之中，无论是未被淘汰的旧的产业还是新兴产业，其产业水平都得到了一定程度上的提升。这是由经济全球化、信息化和知识化进程加速以及科学技术进步所引起的必然结果。新的高新技术、生产技术的出现，推动了产业发展的高技术化，使得新的产品、生产关系、生产领域不断出现；同时，随着产业向高技术方向发展，知识的产生和创新成为必然。而且，社会产业的发展在经济增长中所发挥的作用越来越关键，它引导着产学研的结合，影响了高等教育的改革与发展。

（2）产业发展提供了校企合作的新空间

近些年来，学生们不再只是在学校中接受教师传递来的知识，在实验室或训练室中训练相关技能，而是逐渐开始到与学校有合作的相关企业进行实习，在企业中强化自己所学到的知识，锻炼自己的相关技能，学生们深入企业与社会，深入生产实际之中，将平日里学校中进行的科学研究与企业的生产实际结合起来，能够更好地将科研成果转化为现实生产力，从而更好地展开校企合作，不仅人才的培养质量得到了提高，产业的科技水平也得到了提高，更加兴旺发达。

在校企合作之中，高校为社会培养高素质人才，为企业提供智力支持，学生到企业中去锻炼实操，用自身的创新知识与高科技成果推动了企业的技术进步，促进其产业的发展。而产业、经济、市场的发展又推动了科技的进步与高等教育的发展。因此，校企合作双方是互动的关系，互相促进，相辅相成。自改革开放后，我国实行的是社会主义市场经济体制，在这个导向下，现代高等教育发展的新特点就是要将学术目标和经济利益相统一，这是我国校企合作共同努力的奋斗目标。产学研相结合在这种产业发展、校企合作过程中起到重要作用。

第三节　中国科技创新体系建设之企业

企业是中国创新发展的重要推动力，也是科技与经济发展紧密结合的载体。自中华人民共和国成立以来，伴随着计划经济体制向市场经济体制转轨，企业技术创新的政策支持体系不断改进和完善，中国企业逐渐建立了具有中国特色的技术创新体制机制，以企业为主体、市场为导向、产学研相结合的技术创新体系建设取得重大进展。中国企业的技术创新活动规模、技术创新能力得到了质的提升，少数企业甚至在技术应用、融合创新等方面逐步进入国际竞争的前沿。

新形势下，党中央提出加快构建以国内大循环为主体、国内国际双循环相互促进的新发展格局，只有大力推动企业技术创新，尽快突破关键核心技术，才能把竞争和发展的主动权牢牢掌握在自己手中。当前，中国企业在很多方面离进入创新型国家前列的目标还有明显的差距，这既有企业自身能力的短板，也有政策支持没能完全适应企业创新发展趋势的问题。本节围绕进一步提升企业技术创新能力，从政策组合、科研基地建立、服务体系建设等方面提出如何帮助企业完善技术创新体制机制，促进各类创新要素向企业集聚。

一、企业技术创新的发展历程及政策演进

中国企业技术创新发展是伴随着计划经济体制向市场经济体制转轨而不断推进的，这是一个随着市场化改革而不断演化的过程，同时也是一个政策逐渐演进和认识不断发展的过程，而且随着国家科技治理能力的提高，企业技术创新的政策支持体系也不断改进和完善。中国企业技术创新发展及政策演进呈现出明显的阶段性特征，自1949年至今的70多年大致可划分为以下四个阶段：第一阶段，计划经济体制下和科技体制改革前的状况；第二阶段，随着经济体制和科技体制改革的不断深入，企业逐步成为技术开发的主体；第三阶段，在科教兴国战略的背景下，企业逐步成为技术创新的主体；第四阶段，在自主创新战略和创新驱动发展战略的背景下，以企业为主体的技术创新体系不断完善。

（一）第一阶段

1949年后，我国开始实行计划经济体制，企业不是独立的财权法人、基本上没有独立决策的权力，企业的生产、人员、分配都由国家统一安排，企业需要的原材料、能源由国家统一划拨，产品由国家包销，国家对企业统收统支。新技术、新产品的开发，由政府所属的行业科研机构负责，并无偿地提供给企业使用。企业只是按照国家规定的生产方向和计划，将行业科研机构的成果转化为实物产品。产品的改进和更新换代也主要由行业科研机构负责，这必然导致许多产品的样式

千篇一律，当然，计划经济必然导致的短缺经济，也减少了对产品改进和更新换代的需求。

第一个五年计划时期，不仅是我国工业基础的奠定期，而且也是以行业科研机构为主体的技术开发体系的形成期。到“一五”末期，除中国科学院下属各研究所外，工业、农业、交通、水利水电、医药卫生等各部门或行业都相继建立了科研机构，如钢铁研究院、有色金属研究院、矿山研究院、电器科学研究院、机械科学研究院、农业机械化科学研究院、石油科学研究院、煤炭科学研究院、化学工业研究院、纺织科学研究院等20多个行业科研机构。在之后的几个五年计划期间，又根据工业化发展需要，陆续建立了一些行业科研机构。到改革开放之前，经过近30年的努力，我国在基本建立起比较完整的工业体系的同时，相应的行业科研机构也形成了比较完整的体系。这种状况一直延续到1985年科技体制改革前，尽管1978—1985年，随着经营权下放，部分企业已经开始参与少量的技术开发活动，但总体上仍以政府所属的行业科研机构为技术开发的主要力量。

20世纪80年代，乡镇企业和民营科技企业异军突起，这些新的市场主体的出现，在促进企业活力增强的同时，也推动企业逐步成为技术开发的主体。尤其是世界新技术革命对我国日益产生深刻影响，对科技与经济的关系提出了挑战。实践推动着认识转变和政策突破。1982年，中央提出了“科学技术必须面向经济建设，经济建设必须依靠科学技术”（即“面向、依靠”），成为这一新时期科技工作的基本方针，乡镇企业的快速崛起催生了“星期天工程师”等，民营科技企业也进入第一个创业期，北京、上海、四川、黑龙江等地相继涌现出一批民营科技企业或民办科技机构，希望、四通、联想、京海等最早一批民营科技企业在此时期创立。当然，许多民营科技企业也是以乡镇企业的形式出现的，乡镇企业和民营科技企业两支大军使原来以国有企业为主体的经济格局开始发生根本改变，这些企业在技术进步中的地位逐步提高。

（二）第二阶段

1978年后，随着农业体制改革的顺利进行，以城市为中心的经济体制改革很快提上日程，而增强企业活力也成为经济体制改革的重点。1984年10月，中共中央颁布了《关于经济体制改革的决定》，提出应使企业成为真正相对独立的经济实体，能够自主经营、自负盈亏，成为具有一定权利和义务的法人。1987年施行的《中华人民共和国民法通则》第一次确立了法人制度，对企业法人等问题作了明确规定。1988年施行的《中华人民共和国全民所有制工业企业法》确立了商品生产者市场主体地位，企业成为独立核算单位。1991年出台的《中华人民共和国城镇集体所有制企业条例》，规定城镇集体所有制企业对其全部财产享有占有、使用、收益和处分的权利，自主安排生产、经营、服务活动。1993年通过的《中华人民共和国公司法》，规定公司是企业法人，有独立的法人财产，享有法人财产权。

经济体制改革与科技体制改革相互促进。1985年，中共中央作出了《关于科学技术体制改革的决定》，科技体制改革正式开启。该决定主要针对的是研究和生产脱节的问题，虽然对企业从事技术开发问题的认识有所深入，但科研机构仍被认为是科研活动的主体。

随着企业从生产单元变成独立运营的单位，企业作为技术开发活动的主体，在认识和实践上都逐步明确，具体政策也在逐步发生转变。1987年1月国务院颁发的《关于进一步推进科技体制改革的若干规定》提出，国家对科研机构的管理应由直接控制转变为间接管理，促进多层次、多形式的科研生产横向联合，鼓励科研人员以各种形式离职创业，把科研机构逐步下放到企业。

在这一段时间内，国家科技攻关计划、星火计划、国家自然科学基金、“863计划”和火炬计划等先后启动，我国的科技计划体系逐步形成，科技创新领域也从开始的产业化创新研发逐渐转向科技的基础研究和推广应用，它主要面向的是经济建设。1993年出台的《国家工程技术研究中心暂行管理办法》指导并鼓励企业建设工程技术研究中心，国家科技计划体系逐步形成，并推动企业成为技术开发主体。

1992年，国务院发布的《国家中长期科学技术发展纲领》提出，在改革开放的实行之下，我国的经济逐渐发展起来，随着经济体制改革的逐渐深化，企业和行业逐渐成为技术开发的主体。它提出要增强企业与高校、科研机构等的联系，使他们互相联合起来，同时还要促进企业的技术开发和管理体系，提高其技术开发能力。1993年中共中央作出的《关于建立社会主义市场经济体制若干问题的决定》强调要使企业成为技术开发的主体，在企业内部构建一个生产、科研、市场一体化的技术进步机制，提高其技术研发创新能力。

认识深化和政策演进推动着实践的发展。以民营科技企业发展为例，据不完全统计，从20世纪80年代初第一批科技人员走出大院大所、走入市场，几乎是白手起家创办经济实体，到1993年底，全国民营科技企业总数为54730家，职工总数超过95万人，技贸总收入约840亿元，工业总产值约473亿元，上缴税金约36亿元，出口创汇6.7亿美元，成为国民经济的一支重要力量。与此同时，民营科技企业也成为技术开发的先行者，到1993年底，民营科技企业的科技投入约91亿元，占民营科技企业总收入的比重达到11.51%，民营科技企业技术性收入约107亿元，其科技人员数量超过40万人。①

（三）第三阶段

1995年5月，中共中央、国务院作出《关于加速科学技术进步的决定》，科教兴国战略被提出，明确要加强企业技术开发力量，促进企业的技术开发与创新，将经济与科技有机结合在一起。1996年，《中华人民共和国国民经济和社会发展"九五"计划和2010年远景目标纲要》颁布，"科教兴国"被定为我国的基本国策，这一时期，企业仍然着重于推动企业在科技方面的持续进步，以促使企业逐渐成为技术研发的主体。同一时期，高校、科研院所等也开始与企业相互交流合作，互相分享经验技术，推进科技的开发、创新与进步，产学研逐渐开始进一步结合。之后，为了促进科技的进步与发展，政府又发布了一系列相关政策、法规、措施等等。

1999年，中共中央、国务院作出了《关于加强技术创新，发展高科技，实现产业化的决定》，其中指出：技术创新的主体就是企业。企业要想实现更好的发展，走出困境，发展壮大，就必须要进行技术创新。这一决定文件是在最高政策层面、最早出现的关于"企业是技术创新主体"的表述。

这期间，我国科技体制改革和企业技术创新发展历程中的一个重大事件就是

① 于丰，王双祥. 抓住机遇促进民营科技企业更快地发展 [J]. 科学与管理，1995（06）：30.

应用型科研院所的企业化转制。1999 年，国务院办公厅转发的科技部等部门《关于国家经贸委管理的 10 个国家局所属科研机构管理体制改革的实施意见》明确国家经贸委管理的 10 个国家局所属 242 个科研机构可以从实际情况出发，自主选择改革方式，包括转变为企业、整体或部分进入企业、转为中介机构等。据此展开了具体的转制：131 个科研机构进入企业（集团）；40 个科研机构转为科技型企业，实行属地化管理；18 个科研机构保留事业单位性质，转制为中介机构；24 个科研机构并入学校划转其他部或撤并；29 个科研机构转为中央直属大型科技企业。在 242 个科研机构转制的基础上，2000 年部属科研院所进行全面转制。2000 年 7 月，科技部等六部委印发的《建设部等 11 个部门（单位）所属 134 个科研机构转制方案》规定建设部、铁道部、交通部、信息产业部、药品监督管理局五部门所属 85 个科研机构，21 个（涉及 42 个科研机构）转为科技企业，28 个进入企业，2 个并入高校，3 个（涉及 13 个科研机构）作为事业单位由原部门暂管；国家电力公司、中石化集团等五公司所属 36 个科研机构，全部转制为总公司下属的科技企业；中科院所属 13 个研究所，全部转制为科技企业，暂由中科院管理。①

部属科研院所转制工作全面开展后，地方科研院所的转制工作也拉开序幕，多家地方科研院所开始一个个进行企业化转制。

应用型科研院所的企业化转制标志着我国科研体制的根本性转变，也标志着企业技术创新主体地位的根本确立。这些企业化转制院所极大地增强了许多国有大企业的技术创新能力，使许多国有大企业开始走向内涵式创新发展轨道。

这期间，许多民营企业（尤其是民营科技企业）也开始加强内部科研力量的建设。联想集团、北大方正、希望集团、时代集团、深圳华为等一批大中型企业都在海内外设立了自己的研发机构。

（四）第四阶段

第四阶段是从全国科学技术大会召开开始，2006 年，在大会召开之后，《国

① 光明日报. 我国二百四十余科研院所转制进入实质操作阶段 [EB/OL].（2000-02-29）[2023-07-10]. https：//news.sina.com.cn/culture/2000-2-29/66185.html.

家中长期科学和技术发展规划纲要（2006—2020 年）》颁布，这一文件详细阐述了我国从这一年开始至之后四年内的这段时间应该进行的科学和技术发展的相关任务规划，要建设一个技术创新体系，在这个技术创新体系内，要始终以企业为主体，实现产学研的相互结合，提高国家的自主创新能力。

2009 年，为积极应对国际金融危机的冲击，国务院颁发的《关于发挥科技支撑作用促进经济平稳较快发展的意见》提出要坚持企业为主体、市场为导向、产学研相结合，发挥市场配置资源的基础性作用。综合运用政策、投入、金融、服务等多元化的支持方式，引导各类创新要素向企业集聚，使企业真正成为研究开发投入的主体、技术创新活动的主体和创新成果应用的主体。为此，科技部等部门启动实施国家技术创新工程，以创新型企业、产业技术创新战略联盟和创新服务平台建设为抓手，运用政策手段带动企业技术创新活动，特别是在推动国有大企业技术创新方面取得明显成效。

2013 年，国务院办公厅颁发的《关于强化企业技术创新主体地位全面提升企业创新能力的意见》明确指出要提高企业的创新能力，强调了在创新资源分配中，市场起着主导作用。另外，国家还出台了支持企业技术创新的相关措施，一是要加大对企业技术研发创新的投入，完善投入机制；二是要从多个方面大力支持中小微企业的技术研发创新；三是要完善和落实企业研发费用加计扣除等政策。

总之，以 2006 年全国科学技术大会召开为标志，我国企业技术创新进入以构建技术创新体系为目标的新阶段，增强企业技术创新能力成为科技创新政策的重中之重，相关部门出台了一系列的法律、政策和配套措施。2006 年以来，是我国企业技术创新能力提升最为明显的时期，据 2021 年全国科技经费投入统计公报，各类企业研究与试验发展（R&D）经费 21504.1 亿元，比上年增长 15.2%，占当年研发投入总额的比重达 76.9%。[①] 这一比例已经超过美国、德国等发达国家，位居世界前列，与韩国、日本相近。另据《中国统计年鉴》数据，截至 2021 年，规模以上工业企业有研发活动的企业达 169224 个，占 38.3%。企业创办研发机构数 120367 个，研发机构人员 412.5 万人，研发机构经费支出 16873 亿元。发明专

① 国家统计局．2021 年全国科技经费投入统计公报 [EB/OL].（2022-08-31）[2023-07-10]. http：//www.stats.gov.cn/sj/zxfb/202302/t20230203_1901565.html.

利申请数 1403611 件，有效发明专利数 1691909 件。[①] 在技术创新投入、技术创新活动和技术创新产出等方面，我国企业技术创新取得明显的进步，以企业为主体的技术创新体系基本形成，从而为创新型国家和世界科技强国建设奠定了坚实的微观基础。

二、企业技术创新的形势与展望

（一）企业技术创新面临新的形势

随着时间的推移，社会的发展，各种科学技术层出不穷，我国的企业技术与生产力也逐渐发展起来，与之前相比，各方面有了质的提升，企业技术创新面临新的形势。近几年，新冠疫情的到来，打乱了人们的生产和生活，给人们带来了许多不便，也使得世界范围内各个国家的市场萎缩，经济低迷，各个产业都产生了一定的变化。在这个大环境下，我国政府提出构建以国内大循环为主体、国内国际双循环相互促进的新发展格局。在这个不断变化的形势之下，企业要想牢牢地掌握主动权，就必须要大力发展技术创新，只有技术提升了，生产力才会不断地提高，才会做出更好的、符合人们需要的产品。

第一，改革开放以来，我国的市场与经济迅速发展，国际竞争力不断提高，科学技术也获得了突飞猛进的发展，但是，与世界上创新能力比较高的国家相比，我国还有着较大的差距。尽管相比之前，我国企业研发投入的规模大大增加了，但是与其他国家相比，我国企业的研发投入强度仍然是比较低的，比如，在 2021 年，我国的研究与试验发展经费投入强度仅仅是 2.44%。

第二，随着企业创新力度的不断加大，其研发逐渐深入创新“无人区”，同之前相比，难度大大增加，这使得其面临着多方面的挑战，比如，在研发领域的选择挑战，研发投入的挑战，研发管理模式的挑战，市场规制的挑战，国际竞争环境的挑战等等，下面针对这多方面挑战进行简要分析。

在企业创新研发领域，很长一段时间内，我国企业都是采取的“跟随式”研

① 国家统计局．中国统计年鉴 2022[EB/OL]．（2023-02-15）[2023-07-10]．http：//www.stats.gov.cn/sj/ndsj/2022/indexch.htm.

发的模式，即针对其他企业已经开拓出的符合市场需求的产品进行开发，而不是由企业自身去艰难地开拓无人的市场，这大大降低了企业研发的难度，有利于其迅速做出效果，获得收获。但是，随着我国企业创新研发逐渐拓展与深入，之前那种研发方式已经无法满足其需求，必须要开拓创新“无人区”，这就使得企业不能再跟随其他人，而是要自主选择研发领域。但是，在这一方面，我国企业也是刚刚才起步，并未有太多的经验可供借鉴，其技术领域选择的前瞻性与方法都比较薄弱，而且由于领域选择对于企业的影响较大，如果选择失误，那么很可能会对企业的未来长期发展有着极其不利的影响，这也给其带来了很大的挑战。在研发投入方面，之前企业的“跟随式”研发的后发优势将不复存在，企业所关注的环节也要由产品开发、工艺创新逐渐转为基础理论研究，对于基础研究领域的技术较差的一些企业来说，是一个很严峻的挑战。而且，相比之前，这也会导致企业研发投入总量大大增加，企业必须要投入较大的研发成本才可能获得一些科技成果。在研发管理模式方面，企业原有的研发理念与管理模式也受到了一定的冲击，企业不能再像之前那般进行递进式、集成式的开发，而是要从基础研究领域做起，这也对企业的管理和技术人员提出了更高的要求，他们必须要具备更高的管理技能与科学素养，这样才能够促进现有研发管理模式的开展，同时还要有能力参与一些与企业的技术相关基础理论领域的学术活动，与其他人不断交流，提高自己的科学理论素养。进入创新“无人区”后，企业要根据新的产品概念分解出技术要点，向研发人员提出具体的技术需求，然后将这些技术需求上溯为待解决的科学问题，便于开展研发。在市场规制方面，我国的企业进入了创新“无人区”，没有其他现成的经验可供参考，必须要在大量全新的市场信息和决策知识的基础上，深入分析研究，以解决大量市场准入、规制相关问题。在国际竞争方面，与其他一些国家相比，我国企业进入创新“无人区”，同国际上的一些企业展开竞争，在与其展开国际研发合作的时候，很可能会面临诸多问题，比如“保护主义”等等。

第三，在国际方面，我国企业的海外投资逐渐增多，份额不断加大，这也就带来了很多新问题，主要有以下几个方面：一是现阶段企业国际化人才比较缺乏，尽管我国有不少素质高能力强的人才，但是有一些人才的国际化程度比较低，缺乏国际化的相关经验，难以处理国际化的相关问题，无法满足我国企业在国际化领域的实际需求。二是一些发达国家收紧外资准入政策，信奉保护主义理念，不希望本国的重点领域的核心技术被外人所知。三是我国的海外企业的投资有很多都受到了国字号银行和投资机构的支持，这就会使国外的一些企业或人产生一些误解，认为我国的海外企业受政府产业政策影响比较大。四是在国际标准制定水平方面，我国的一些企业的水平比较低，这也不利于企业海外投资的进行，容易出现一定的问题。

（二）企业技术创新和国家战略科技力量

面对国内外新的形势要求，要大力提升企业自主创新能力，尽快突破关键核心技术，使企业成为国家战略科技力量的重要组成部分，这是关系我国发展全局的重大问题，也是全面建设社会主义现代化国家的必然要求。

按照不同的维度对核心技术进行划分，可将其分为不同的类别。比如，按照复杂性对核心技术进行划分可以将其分为一般和复杂的核心技术；按照创新程度对核心技术进行划分也可以将其分为两类：创新程度比较强的核心技术就是颠覆性核心技术，创新程度比较弱的核心技术就是延续性核心技术。通常情况下，颠覆性核心技术与复杂的核心技术往往较难获得，要想获得颠覆性的复杂核心技术更是难上加难，它不能通过提前的设计和安排而得到，它是一种未来结果，十分复杂，需要在长期的技术演化竞争之中得到，而延续性的一般核心技术往往在市场的合作竞争中就可获得，相对较为容易。随着我国科技的不断发展与创新，从全球竞争格局来看，目前，我国政府最需要关注的就是延续性的复杂核心技术、颠覆性的一般核心技术。与颠覆性技术相比，延续性技术相对而言更容易获得，面对这种情况，国家要给企业提供更多的发展空间，给予其施展才华的机会，让其能够自在地树立于世界创新之林。

第一，按照创新发展规律、科技管理规律、市场经济规律办事，加强科技创新资源统筹，提高企业在技术攻关资源配置中的话语权，发挥企业在技术创新决策、研发投入、技术攻关组织、成果转化应用等环节中的主体作用。

第二，支持企业牵头组建创新联合体，与大型科研机构建立多种形式的合作关系，构建产学研协作新模式和产学研协同创新网络。依托龙头企业推行，以重大任务为导向的科研组织模式。在核心技术攻关任务中，建立法人负责制，对承担主体合理赋权，充分发挥法人主体的积极性与主动性，允许其自主探索更加有效的组织、管理和协调机制。

第三，探索项目专员聘用制、技术采购制，允许法人主体自主聘用职业经理人、首席科学家等，集中推进攻关项目的有序实施。针对特定技术问题，鼓励通过后补助方式，选取多个研究团队围绕不同技术路径开展“背靠背”研究。

（三）企业技术创新与创新要素市场化改革

随着我国企业的科技创新的不断发展，各个科技成果逐渐展现在人们面前，给人们的生产生活带来了很多便利，不过，在这种背景下，企业技术创新也迎来了很多新的问题与挑战，这时候，政府就需要采取一些措施，促进企业的技术创新与创新要素市场化改革，下面是政府可以采取的一些措施。

第一，政府要为企业的技术创新创造一个良好的环境与氛围。这需要从三个方面做起：一是要为不同的技术路径提供公平的市场竞争机会。通常情况下，在技术创新研发过程中，面对众多不同的技术路径，众多专家对其展开分析，然后在其中选择其认为最优的技术路径，研发团队根据这个技术路径展开研究。政府可以对这种项目管理方式进行改革，针对财政支持的项目，允许多种技术路径同时开展，由多个研究团队依据多种不同的技术路径展开分析研究与实验，允许试错，从而创造一个良好的氛围，带动企业的创新与发展。二是政府要增强服务型功能属性，为企业获取科学知识提供更多的渠道和途径。政府要开放公共科技资源，并为企业提供多元化的公共产品，比如试点示范、检验检测等等；政府要鼓励企业多多参与学术活动，及时掌握创新动态与相关领域信息，鼓励其与科研机构开展合作等等。三是政府要颁发企业科技创新相关政策，一并促进企业创新链的前端到后端的发展，引导企业科学管理，不断创新。政府要建立创新治理的社会参与机制，促进市场公平竞争，尽可能创建一个公平合理的市场竞争环境，打破非市场因素的其他壁垒。政府要引导企业的人力、资源、技术等的资源集成，形成一体化的创新模式，促进“科学研究—成果转化—产业化发展”的不断实现。

第二，政府要优化投入结构。这也主要从三方面来进行叙述：一是在政府政策的投入导向方面，通常情况下，面对企业的技术发展与创新，之前我国的政府政策主要是优惠减免方式，比如税收减免、财政补贴等等，但随着企业规模不断扩大，企业领域逐渐多元化，技术发展与创新不断深入，要想促进企业的进一步发展，提升其生产与配置效率，政策导向必须要转变为激发其内生动力，通过要素成本、质量、环境、反垄断等多种倒逼机制，激发企业的创新热情，提升其知识生产的组织动力。二是在政府的投入领域之前，政府往往是对企业的工艺创新、产品开发投入较大，现如今，政府要加大对企业的基础研究方面的投入，在国家（应用）基础研究项目中让企业参与其中，甚至是让企业负责项目各方面的联系和组织协同工作，从而减少企业的研究成本，分摊风险。三是在政府引导方面，政府要根据政策对象的不同发展阶段进行分类引导，对于那些模仿、跟踪的企业，政府要颁布相关政策措施来强制增加企业消化吸收经费支出与引进技术经费支出的比例，从而促使企业去学习国际前沿技术，并将其应用到企业的生产技术之中，从而进行创新。对于那些技术创新比较高的、深入创新“无人区”的企业，政府要营造一个容许失败的氛围，为了避免其过度焦虑，同时，政府还要利用购买服务等方式为企业创造市场需求，以鼓励其进行技术创新，发扬创新精神。

第三，政府要促进企业的国家化科技合作与发展，为其开辟专门的绿色通道。一是政府要为企业提供科技情报服务，对企业职工进行定向培训，为企业培养国际化人才，以提高企业的信息与人才储备，满足企业的国际化需求。二是政府要为企业创造一个良好的国际科技合作环境，鼓励我国企业与其他国家的企业开展国际合作项目，鼓励企业自主研发创新的同时提高我国企业在国际合作中的合作谈判能力。政府还要为企业国际科技合作营造一个基础性的制度环境，当合作谈判不佳时，建议其进行政策协调、签订政府间合作框架协议等方式来加以挽回。

（四）企业技术创新与创新治理

面向企业技术创新的宏观治理，是推进国家治理体系和治理能力现代化的重要组成部分。提升企业技术创新治理能力，必须坚持系统观念、问题导向，从考核评价、人员激励、市场引导等多方面推进改革。

第一，调整国有企业考核方向，引导国有企业加强中长期的科研积累。一是在已开展试点的基础上，扩大国有企业经营业绩考核改革措施的适用范围。在此基础上，逐步将研发经费在国有企业经营业绩考核中部分甚至全部视同利润。针对不同行业企业来说，其考核评价体系往往包含诸多内容，随着企业技术创新的不断发展，在企业考核评价体系内的技术创新内容指标的权重也在不断地加大。在企业的考核评价过程中，如果某个企业做出了重大科技成果，这时候要对其进行加分奖励。二是鼓励有条件的国有企业建立制度性的科研投入机制，引导其建立多渠道的科研投入机制，通过政府、民间等多样化的资金来源保障其创新投入。三是依托科研机构和团队建设促进长期科研积累。支持有条件的国有企业设立或联合组建研究院所、实验室、新型研发机构、技术创新联盟等科研机构和组织。围绕上述科研机构和组织设立首席技术专家，对其实施相对较长周期的聘用、考核制度，在企业负责人正常变动情况下保持科研团队和领军人才的相对稳定。

第二，改革国有企业薪酬制度，细化落实人员激励政策措施。一是在岗位、薪酬方面赋予企业更大的决策自主权。根据不同地域、不同职能岗位构成性质，可以按照创新驱动的评价导向调整薪酬标准，实施弹性工资总额制度，将其工资与技术创新绩效挂钩。将高层次人才引进经费单列，不纳入工资总额，便于企业引进优秀人才，激励企业员工创新创业。二是扩大享受科技创新激励政策的企业范围。总结中央企业分红权激励试点、国有科技型企业股权和分红激励的经验，扩大试点领域和范围，将技术创新形成的收益参照股权、分红等激励制度逐步向国有企业推广。

第三，引导企业调整创新模式，主动适应市场需求变化。一是引导有条件的企业开展内部创业，国有企业要设立与企业领域相关的创新创业基金，将创新创业团队与企业捆绑起来，遴选、培育、扶持较好的创新创业项目，通过多种方式提高创新创业团队的积极性，在取得一定的成果之后与之进行利益互分。二是结合混合所有制改革，促进不同类型企业间优势互补。在技术路径稳定、技术复杂度高的重大领域，如核电、航天、高铁等涉及国家经济安全、信息安全等的领域，推动国有企业继续实现突破，尤其在应用基础研究、关键共性技术、现代工程技术等方面发挥主导作用。在行业周期较短、技术更新换代变化迅速的创新领域，如互联网、大数据、云计算领域，充分发挥民营企业灵活性强、市场导向、商业模式领先的优势，实现民营企业与国有企业在创新领域和创新能力方面的互补。支持大型企业向中小型企业开放创新资源，建设大中小企业融通发展的众创平台。

（五）企业技术创新与数字化转型

数字经济时代下，企业要进行技术创新与数字化转型，是众望所归，大势所趋，但是要真正地进行起来并不是一件容易的事情，还面临着一系列的挑战。面对着众多挑战，政府要结合当前形势，主动采取多方面的措施，进行全方位的变革，以推动企业的技术创新与数字化转型。

第一，拓展数字化产品（服务）的国际应用。疫情对全球产业分工产生深远影响，给予我国企业扩大海外合作的机会，政府应该把握全球变化给企业创新发展带来的新机遇、新挑战，充分发挥我国制造业比较优势，推动企业融通创新和数字转型。一方面，针对传统产业来说，疫情期间很多工厂停工停业，产品无法生产制造出来，企业遭受了很大损失，在这种情况下，政府要鼓励企业建立创新与技术改造的相关风险基金，进行技术改造和供应链流程重组，购买智能化装备，实现生产线的自动化，建立数字化生态系统等，从而减少人力成本，提高生产效率。另一方面，政府要总结疫情中利用互联网、人工智能、大数据等技术开展网上办公、视频会议、远程协作和数字化管理等的经验，在远程办公、远程教育、公共管理等方面提出商业解决方案，并向疫情扩散国家推广。

第二，政府要重点针对“一带一路”相关的国家，强化新型基础设施在国内和国际之间的交流与合作。在数字治理方面，无论是我国还是外国都存在着一些问题，这些问题也激励着我国数字治理方面的不断发展。在我国国际合作方面，新基建起到了很重要的桥梁作用，有助于推动数据基础和软件走向国际化，这主要体现在三个方面：一是随着我国新基建的不断发展，其他国家尤其是“一带一路”附近国家也开始进行新基建建设，这有助于引导我国企业参与国外的新基建建设，有助于生产、数据、创新等方面的要素的全球化配置与跨界流动，这样，国家与国家之间的新基建建设方面的合作交流就会推动数字领域的国际融合。二是政府要加快进行新基建建设的进度，比如数据中心、5G网络等等，从而推动研发活动和公共部门的数字化发展，可以将数字化与科研创新产业整合到一起，构建一个科学大数据的国家重大基础设施，将科研创新产业的数据信息等全部集中起来存放。三是政府要鼓励国内外企业的交流与创新，比如，我国中大型企业在国外布局时，要主动积极地吸引国外企业的加入；我国的中小企业在与其他国家企业进行贸易合作的时候，也要积极地与其他国家大型的企业不断地进行交流与沟通，从而主动融入大型跨国公司的产业创新业态。

第三，加强信息领域关键核心技术攻关，推动核心技术成果转化。目前，信息技术已成为经济社会发展和国家安全不可缺少的战略性技术力量，对人们的生产、生活等诸多方面有着不可忽略的影响。如今，我国的科学技术也迅速发展起来，但是，在信息技术领域，核心技术的局限性是我国面临的最大风险。我国政府要想掌握ICT领域发展的主动权，避免一系列问题的发生，就必须要在核心技术上加以突破。这就需要做到三点：一是要政府促进各大中小企业的融通创新，形成一个创新联合体；二是要政府形成信息领域核心技术攻关组织管理体制机制，建立权责明确的项目组织制度；三是要政府扮演好先行用户的角色，加强核心技术成果的市场应用，这样，才能够更好地促进核心技术的创新与发展。

第四节 中国科技创新体系现代化展望

百年来，中国共产党带领全国各族人民努力奋斗、开拓进取、守正出新，在不同的历史阶段，不断探索契合我国国情、顺应历史趋势、符合创新规律的中国科技创新体制机制，取得了一系列重大科技创新成果。站在“两个一百年”的历史交汇点，朝着建设创新型国家和世界科技强国的伟大目标迈进，我国科技创新之路任重道远。

复杂严峻的外部环境、动态多变的科技发展、多重矛盾的内部阻力，注定了我国的科技创新体系现代化之路是一条不平坦的道路。我国科技创新体系现代化是一项复杂而庞大的系统工程。当下，在日益走近世界舞台中央的过程中，我国需要以高水平开放为准则，以国家创新体系建设为根本，以科技评价和人才制度改革为牵引，以科技伦理制度建设为保障，着力推进创新型国家和世界科技强国建设。

一、塑造科技创新全球化新格局

更高水平的对外开放是现阶段我国经济社会发展的重要战略选择。我国科技创新全球化需要积极应对逆全球化趋势、加强科学研究的国际合作、推动产业创新全球化、积极参与全球治理与合作。

（一）积极应对科技逆全球化新趋势

经历了改革开放40多年的历史性跨越，我国在高新技术产业、传统产业以及战略性新兴产业等领域取得了从“模仿”到“创新”的辉煌成就。一项关键的经验就是充分利用我国在全球化中的机遇，通过开放市场，吸引境外企业和拓展国际合作等策略积累了外部先进的知识技能，并逐步提升了自主创新能力。进入2020年，随着贸易保护主义和逆全球化思潮的愈演愈烈，科技创新的全球化正在变得愈加复杂，我国科技产业不得不面对中美贸易摩擦、科技领域“卡脖子”等一系列问题与挑战。面对全新的国际政治经济格局，我国的战略科技力量，包括重点研究机构、研究型大学、龙头创新企业必须积极应对全球化的负面效应，理性认识逆全球化现象，审慎思考全球化的利弊，最终实现科技自立自强的目标。以下将在国内外研究的基础上，尝试总结科技产业全球化发展和治理的新趋势，分析我国如何在未来全球发展中扮演更重要的角色，为推动我国科技产业创新发展提供启示与思考。

1. 应对可能出现的科技产业脱钩趋势

2018年以来，美国政府对中美科技产业合作与交流采取了一系列限制性措施，试图在与技术相关的法律法规、政策、规章等方面实现脱钩。这将造成两个创新大国在技术合作领域增加对抗、相互封锁与隔离的局面。美国斯坦福大学与美国安全中心联合发布的“数字中国”项目报告显示，中美两国的脱钩将会体现在技术、知识、人才、资金等创新核心要素方面，这将会深刻改变科技全球化的基本逻辑。另外，新冠疫情之后，国际环境的不确定性和不稳定性正在加速世界格局的变化，全球范围内日益抬头的保护主义、单边主义也使得世界政治、经济、科技格局发生显著的调整。

产业备份系统是产业安全、产业链安全的必要组成部分。随着中美“高科技竞赛”不断升级，我国必须思考建设自己自主可控的产业备份系统来应对全球科技产业脱钩所带来的不确定性。具体可以考虑从以下几个方面来着手布局：

首先是对产业链展开系统性分析，应对中美之间可能出现的脱钩风险。分析中美技术关联程度，找到供应链中的薄弱之处和关键领域是保障供应链体系的重中之重。对美技术高、中程度依赖的领域，例如计算机技术、数字通信、半导体、医疗技术、生物技术等领域，需要找准关键突破口。要做好应对预案、产品储备等措施，将风险降到最低，同时要逐步降低对于国外技术的过分依赖程度，利用疫情后国际产业链重构的机会，推动我国不断向产业价值链高端迈进，从而在未来面对技术脱钩时更有竞争力。对于企业来说，应考虑以我国为主、备份为辅的供应链布局，备份供应链分散化的策略有助于提高生产的可供性、自主性和抗风险能力。

其次是注重对于数字技术的使用。人工智能、5G、云计算等技术在我国抗疫精准识别、精准防控、精准施策、复工复产等方面发挥了举足轻重的作用。在数字技术领域，我国拥有丰富的应用场景和深厚的技术积累。在一些关键领域已经从技术追赶者转变为技术领跑者。数字技术可以催生新需求和新供给，带动国内相关高科技领域的发展，并在产业链升级中扮演重要角色。我国的国家创新体系应当深刻认识到这种转变，加快将数字化技术应用于产业备份系统上升到国家战略，出台具有针对性的政策措施。

最后是加强国际科技合作，正确理解逆全球化的长期影响。虽然科技脱钩以及逆全球化可能是未来一段时间内的趋势，但是长期以来国际技术相互依赖依存的局面，导致供应链中“你中有我，我中有你”的大格局不会发生根本性改变。我国在保持提升自主创新能力的同时，应加强与欧洲、日韩、东南亚等国家或地区的科技交流与合作。减少科技过度单一依赖某一国家带来的不确定性风险。另外，应充分发挥政府的主导作用和市场的主体作用。注重关键核心以及优势技术的研发，在未来的科技博弈中提升竞争实力。

2. 发挥企业在创新全球化中的作用

世界经济增长对于科学技术的依赖性正变得越来越强。与过去由发达国家、大企业主导的全球化不同，数字经济的发展将使得发展中国家以及中小企业在未来全球化中发挥越来越重要的作用。以科技发展为支撑，数据以及服务的全球流动将会成为新全球化的动因，带动世界经济发展。对于中国企业来说，深刻认识全球产业链变革趋势，正确理解转型升级，积极融入全球创新网络是未来发展的新目标。引进高端生产要素以及整合全球创新资源将会成为国家和企业提高竞争力的重要战略。中国企业需要在全球创新变局中承担起加快中国创新能力提升的责任，真正参与全球化竞争，实现从技术追赶者到技术领跑者的转变。

中国企业的国际化发展策略要从"走出去"过渡到"走上去"。"走出去"强调的是以出口为导向的贸易型全球化模式，企业更注重开拓全球市场，以成本和劳动力的竞争优势融入全球市场，吸收学习发达国家企业的先进技术和经验。随着人工智能、5G、大数据等信息技术的发展，科技、数据等要素正变成未来全球化的主力。中国企业的全球化需要"走上去"，通过国际合作开展以中国企业为主体的，技术含量高的高端市场开拓以及高端技术研发。中国企业应当充分利用数字技术的发展优势，整合全球创新资源，弥补国内技术和人才的短缺，从而驱动企业往价值链高端攀升。另外，在补齐短板的同时，中国企业还必须发挥自己的竞争优势，立足于提升创新能力，夯实企业基础，建立开放和鼓励创新的企业文化。同时，应深刻理解新全球化的内涵与发展逻辑，积极抓住数字化升级的机遇，继续加大科技创新力度，提高产品服务质量，从而更好地适应新的全球市场需求，为全球市场创造价值。

与此同时，中国企业的全球化也面临全新挑战。贸易保护主义以及新冠疫情都给传统的全球化经济框架带来了极大的冲击。各个国家开始从国家安全以及国家战略的角度思考有关科技脱钩以及过分依赖全球产业链的问题。这些因素无疑使得中国企业在全球化过程中遭遇了更多的困难，也使得外来者劣势成为一个不可规避的难题。企业全球化过程中遭遇的水土不服最早可以追溯到美国明尼苏达大学卡尔森管理学院院长斯里拉塔·扎希尔（Srilata Zaheer）1995年提出的理论观点，她认为企业由于地域、制度和文化方面的差异，在进行跨国投资活动的时候往往需要承担比本土企业更多的成本。[1]在逆全球化的背景下，这种影响显得更为明显。抖音、华为等企业在海外市场中都受到了很强的阻力。无论是美国还是欧盟，在进出口、数据处理和跨境流动、供应链和国家安全审查方面都出台了相关政策保护本土企业，对中国企业海外发展设置了种种屏障。面对短期内不确定的国际形势，中国企业应更坚定地走向全球，利用好全球的创新资源，提高自身创新效率，力争在全球竞争中获得主动权。另外，中国企业应积极与其他新兴经济体进行合作，参与一些国家的产业链构建。发挥中国在基建以及数字化领域的产能和技术优势。这可以为中国企业提供一个建立生态意识、利益相关合作伙伴的契机。全球化的成功不仅需要硬实力，更需要对当地规则、文化、制度的熟悉与尊重。中国企业需要秉持开放、包容、融合、利他的态度，积极参与建立一个更加公平的国际竞争环境。在全球化过程中，中国企业应不仅满足于扩大市场，而且要去创造价值，赢得尊重。

3. 构建更加开放的国内国际双循环新格局

科技是衡量国家软实力的重要指标，也是催生新发展动能、提升生产力和产业链效能的关键因素。面对动荡的世界新格局，我国需要加快构建以国内大循环为主体、国内国际双循环相互促进的新发展格局。坚定不移扩大开放是我国必须遵守的发展理念。这项原则是中国应对错综复杂国际环境变化的重要战略举措。全球化的历史表明，新冠疫情所导致的全球经济动荡既是挑战也是机遇，全球产业链面临重组的压力，全球市场的需求端和供给端也会产生重大调整。而国内国际双循环的新格局可以帮助中国充分利用全球市场、技术、人才、知识、资金等要素，推动中国产业链、供应链和创新链与全球深度融合。为了达到这一目标，科技产业发展必须把握好两个重大关系。

首先是注重发展数字经济，增强中国核心竞争力。近年来中国数字经济表现抢眼，对 GDP 的贡献逐年上升。特别是新冠疫情期间，更是在疫情追踪、疫情防控、稳增长、保就业等方面作出了重大贡献。相对于传统的发达国家，中国在数字经济发展上拥有广泛的应用市场和丰富的场景，这使得中国在人工智能、大

① 彭新万. 中国对外投资企业面临的跨文化管理问题及对策 [J]. 理论与改革，2003（06）：83-85.

数据、物流等领域出现了一批在全球范围内都堪称标杆的数字企业。这些企业可以通过跨境电商服务、数据贸易等新商业模式，开拓全球市场，从而充分利用好全球创新资源，吸引国际人才和技术，为提升中国自主创新能力夯实基础。

其次是提升中国在全球创新产业链中的地位。随着中国对自主创新的重视，科技产业在近年来取得了飞速的发展。中国企业从“中国制造”到“中国创造”的转型也愈加成熟。未来，中国企业将依托于人工智能、大数据等信息技术，实现从“中国制造”向“中国创造”转变的目标。在未来的全球创新网络中，中国企业将会扮演更重要的角色。在世界知识产权组织发布的2022年全球创新指数中，中国列第11位，中国有19个城市入选前100名全球创新集群城市，这代表中国已经确立了作为创新领先者的地位。①未来，中国应继续关注产业链、价值链升级，集聚国内外高端创新资源，构建以中国为主的全球科技创新网络，重视5G、人工智能、物联网等数字技术的发展在全球价值链重构中的关键作用，与国际主要经济体探讨科技合作与创新治理，为国内企业技术研发、产品创新与业务拓展提供保障。

（二）加强科学研究国际合作

1. 为中国知识创新主体国际化创造更好的环境与条件

科技创新离不开高水平对外开放。科学技术的发展是世界性的问题，必须用全球视野去理解国际科技合作对于社会进步、提升自主创新能力的关键作用。在疫情平稳转段后，中国应坚定不移地参加国际科技合作，吸引国际高端创新要素，为以中国为主的创新主体国际化创造更好的环境与条件。作为中国创新能力稳步提升的有力后盾，中国国家创新体系在国际化方面取得了科技投入逐年增加、与欧美国家进行科学合作交流、形成区域性的科技合作网络等显著成效。

在疫情平稳转段后，国家创新体系的全球化要求政府重新思考创新治理和相关政策对于资源分配和调动的影响。一方面，作为知识创新体系的两大主体，科研院所与高校需要更加包容和创造有利于国际学术交流的科研环境。为了更好地

① WIPO. 2022年全球创新指数报告[EB/OL].（2022-09-29）[2023-07-10]. https：//www.wipo.int/global_innovation_index/zh/2022/.

吸引全球创新资源，中国的知识创新体系运行机制需要借鉴发达国家经验，作出进一步调整。比如，同世界上的一些发达国家相比，中国的一些大学和科研机构的工资比较低，教师或者研究者的工资有的甚至无法满足其基本的生活需求，因此有的老师或研究者还会通过兼课以及收取应用类研究项目提成等方式来提高其收入，造成了人力与资源的浪费，在这种情况下，大学和科研机构可以加大资金投入力度，推广年薪制，为研究者和教师提供更高的生活保障。此外，在人员交流、资源共享等方面仍需建立一个更加有效的联系、沟通和合作机制。另一方面，作为技术创新体系的两大主体，国有企业和民营企业将会在创新主体国际化中发挥重要的作用。国有企业掌握大量资源，需要通过数字化改革等措施提高自主创新能力，在国家战略和安全相关的关键领域发挥中流砥柱的作用。对于民营企业来说，需要良好的创新生态环境来为国际创新合作提供支撑。中欧投资协定对知识产权的保护和执法就作了特别的说明，代表了中国遵循国际标准、创造良好创新生态环境的决心。中国应继续完善公开透明的涉外法律体系，强化知识产权保护，维护外资企业合法权益，从而加强国际科技交流合作，释放中国知识技术创新主体的创新活力。

2. 吸引国际杰出研究人才

随着中国经济的稳步发展，中国科技人才流动和竞争出现了新的趋势，特别是伴随着新一轮科技革命和产业变革，人工智能等领域的崛起，中国从“人才流失国”逐渐成为全球主要的“人才回流国”。习近平总书记特别指出：“人才是第一资源。国家科技创新力的根本源泉在于人。”[①] 科技人才对于提升中国自主创新能力意义重大，在创建了一大批高科技企业的同时，直接推动了中国在高科技领域的快速发展，提升了产业竞争力。面对中美贸易摩擦的挑战，国际人才市场的激烈竞争，中国如何吸引杰出人才成为完善国家创新体系建设的重中之重。我们应当借鉴发达国家在海外高层次人才引进和资助方面的经验，从人才搜索、人才项目、人才落地配套政策等方面完善相关制度和政策。

一是可以通过设立全球范围内人才搜寻联络部门，发挥民间社团的力量，与

① 新华网. 习近平：在科学家座谈会上的讲话 [EB/OL].（2020-09-11）[2023-07-10]. http://www.xinhuanet.com/politics/leaders/2020-09/11/c_1126483997.htm.

海外留学人员以及华裔人才保持密切联系，并在此基础上帮助国内企业以及研究机构网罗合适的人才。

二是可以通过建立国际人才数据库，掌握高科技人才在国外的科研以及职业发展情况。对于中国急需的关键领域的人才，要给予特别关注。人才数据库要做到科研院所、政府、企业资源共享，及时更新，从而真正达到吸引海外人才的目标。另外，中国应利用创新资源丰富的都市圈，建立全球创新生态系统来吸引更多海外人才。多元创新生态系统的核心驱动层，旨在构建集“政、产、学、研、用”于一体的多元化创新共同体，主要包括新技术的创造者——高校和科研院所种群，新产品的生产者——企业种群，应用新产品和制造新需求的消费者——用户种群，以及与各类主体保持联系的支撑者——政府种群。通过建立若干全球科技创新中心，中国可以为海外科技人才提供良好的科研与创新环境。

三是建立与国际接轨的签证、“绿卡”和入籍制度，为国际杰出人才提供在华永久居留国“绿卡”和人才签证，为其开辟绿色通道，吸引杰出国际人才。

（三）深度参与全球科技创新治理

近年来，随着中国在科技研发方面投入力度的不断加大，中国在全球科技治理体系中的国际地位和影响力也在不断上升。当今世界正经历百年未有之大变局，科技全球化正面临科技保护主义的严峻挑战。公共安全、气候变化、基因工程等领域都存在伦理、安全等问题，需要整合全球科技资源、资金和人才来应对。习近平总书记指出：“维护和践行多边主义，推动构建人类命运共同体是解决时代难题的出路。”[①] 因此，作为多边主义的践行者，中国需要在推动全球科技治理机制的改革和发展中发挥重要的建设性作用。

中国应积极参与制定国际治理的规则，在国际标准化制定中发挥更大的作用。在科技领域，制定统一的国际科技治理规则困难重重，主要有以下几个原因：一是科技发展迅速，具有很大的不确定性和复杂性。二是缺乏国际治理的统一平台，

① 中国共产党新闻网．维护和践行多边主义，推动构建人类命运共同体——习近平主席在世界经济论坛“达沃斯议程”对话会上特别致辞引发国际社会热烈反响 [EB/OL].（2021-01-27）[2023-07-10]．http：//cpc.people.com.cn/n1/2021/0127/c64387-32013133.html.

没有对应的国际机构可以进行组织和引导。三是各国政治经济体制有显著差异，社会发展阶段也有所区别，导致各国达成共识的基础还不够坚实。中国在参与国际科技治理讨论时，应跳出思维定式，明确自身的战略定位，需要提出一个发达国家认同、发展中国家理解和接受的全球治理理念。

中国应关注科技发展的风险治理，鼓励负责任的科技创新。科技发展伴随着一系列法律、伦理以及社会问题。以人工智能和大数据为例，产生了隐私泄露、算法歧视、数据安全隐患等负面效果，进而引发社会层面对于科学技术的不信任和不安全感。这一方面加大了国际科技合作的困难，也使得中国数字企业“走出去”“走上去”的战略目标受到影响。因此，中国需要在国际上呼吁建立负责任的创新体制，从追求人类社会共同福祉的角度规范企业科技创新行为，基于此来构建国际共同遵守的规则体系。值得注意的是，科技发展的迅速性和治理体系演变的缓慢性会产生步伐不一致的现象，这给形成国际治理规范共识带来了困难。解决的思路是摒弃传统的治理模式，采用敏捷治理的方式，即在发生某些情况的时候要及时告知他人，提醒别人注意某些问题，避免失误的产生，而不是非要等到“万事俱备”才开始。

二、以新型举国体制为着力点，加快完善国家创新体系

当前，关键核心技术短板乃至“卡脖子”问题，是制约我国创新驱动发展的重要因素。然而，这背后隐藏的深层次问题是国家创新体系的不尽完善。尤其是在特定的事关国家经济安全和未来挑战的领域，建立适合关键核心技术攻关的“新型”举国体制，在当前日趋激烈的国际竞争格局下显得尤为重要。

（一）加快关键核心技术攻关，呼唤新型举国体制

经过改革开放 40 多年的努力，我国在科技创新领域取得了长足进步，科技实力显著增强。但是，在信息通信、高端装备、工业基础材料、航空航天、生物医药等高科技领域，仍然存在明显的受制于人的短板，经济安全存在隐患。随着我国经济由高速增长阶段向高质量发展阶段迈进，科技创新由技术追赶向技术引领跨越，产业关键核心技术受制于人已经成为高质量发展、实现赶超的重要瓶颈。

在关系国民经济命脉和国家安全的关键领域，真正的核心技术、关键技术是买不来的，也是市场换不来的。只有坚定不移地走自主创新之路，着力攻破核心关键技术，才能抢占事关长远和全局的科技和产业制高点。

关键核心技术攻关既要遵循市场为导向、产品为牵引的规律，又要解决由于市场失灵导致的路径依赖和技术代际差距拉大的问题。关键核心技术突破需要长期积累和持续攻关，不可能一蹴而就，更急需充分发挥我国集中力量办大事的社会主义制度优势，通过超常规的资源倾斜投入、体制机制创新和政策组合支持加速进程，着力解决系统失灵和市场失灵问题。当前，面对中国战略对抗升级，应对新一轮科技革命创新范式巨变带来的机遇与挑战，迫切需要发挥新型举国体制的制度优势、助力关键核心技术攻关。

（二）与时俱进，发挥新型举国体制制度优势

举国体制是我国集中力量办大事的制度优势，也是解决各领域国家重大问题的优良传统与特色。举国体制的提法最早源于我国竞技体育界，1984 年洛杉矶奥运会后，国家体委专家讨论会将中国体育优势项目成功经验总结为“举国体制”。近年来，高铁建设、载人航天、抗震救灾、新冠疫苗研发等一系列发挥国家集中力量办大事制度优势的重大实践，得到媒体的广泛报道，被看作举国体制的成功应用。

举国体制在社会主义现代化建设中发挥了举足轻重的作用，并已经在科技创新和经济建设实践中成为一种重要且独特的制度优势。中华人民共和国成立初期，在国家安全为先和赶超型现代化的历史情境下，国家基于高度集权的政治体制和生产资料公有制，将有限资源有计划地向关乎国家安全和国民经济命脉的战略性领域倾斜，“以资源换时间”高效推动了一批重大战略产品研发和重点项目建设。这种集中力量办大事的科技创新模式可以被称为传统举国体制。1978 年改革开放以来，尤其是 2001 年加入世贸组织，中国融入全球化浪潮。经济发展和科技创新的国内外环境发生了深刻的变革，举国体制也与时俱进、悄然发生变化。其中，2006 年《国家中长期科学和技术发展规划纲要（2006—2020 年）》的出台以及 16 个重大科技专项的确立，成为新时期科技创新新型举国体制的有益探索。这些经验可以被简要概括为：在全球化市场经济条件下，在涉及国家安全和社会发展的特定产业领域，发挥中央财政资金的杠杆作用，撬动、引导社会资金投入，组织协调优势科研团队进行关键核心技术、产品攻关。

近年来，我国科技创新能力得到了较大提升，引发了以美国为首的发达国家全方位科技“卡压”。同时，我国科技创新也从追赶阶段迈向了前沿阶段，走入了“无人区”。正是由于知识和技术学习渠道的切断以及前沿技术蕴含的风险性，以引进消化吸收为基础的传统举国体制迫切需要改革和创新，助力关键核心技术攻关、支撑重大科技创新。应当认识到，新型举国体制是社会主义市场经济条件下的举国体制，需要不断健全现代市场体系和宏观调控体系，发挥市场对资源和要素流动的决定性作用；需要以企业为主体，不断完善产学研结合的技术创新体系，将增强和提升企业创新的意识和能力作为举国体制的最终目标。

三、深化科技人才评价体制改革

创新驱动本质要靠人才，形成更加合理的人才治理机制、激发人才的科技创新活力是走向科技创新体系现代化的重要牵引。人才的引进与培养是建立在合理的人才评价基础之上的，人才评价作为人才发展方向的指挥棒，对人才的激励作用显著。当下，我国科技创新处于由追跑走向并跑乃至领跑的关键时刻，亟须培养一批能够在关键领域攻坚克难的创新型复合人才，这需要对人才评价体系进行系统性变革。

目前，我国已将人才发展纳入国家治理体系与治理能力现代化总体布局中，相继出台了一系列深化人才体制机制改革的政策，不断创新人才发展治理体系、提升人才治理能力水平。2020 年，教育部、科技部联合印发了《关于规范高等学校 SCI 论文相关指标使用 树立正确评价导向的若干意见》，进一步提出了消除我国人才治理工作中长期存在的“SCI 至上”等痼疾、加快人才制度和政策创新等要求，并明确了构建新时代中国特色社会主义人才评价制度、提升人才治理能力现代化水平的路径。

新时代经济社会的发展对人才治理能力和治理方式提出了更新更高的要求，因此，人才治理工作必须和中国特色社会主义现代化进程紧密结合，以系统论的思维从多角度入手，探索形成导向明确、精准科学、规范有序的人才评价体制，落实人才强国战略和创新驱动发展战略，提升人才治理体系和治理能力现代化水平。

（一）推动“人才管理”向“人才治理”的变革

当前，科技创新活动日益复杂化、分散化，而现有“中心化”的人才培养、激励制度与之难以适应，而人才制度改革就是要改变政府主管部门的行政主导作用，将人才评价、人才发现、人才使用与管理等权限真正下放到用人主体，实现由“人才管理”向“人才治理”的重大理念变革，发挥与经济社会发展需求相适应的人才结构和人才资源优势，最终实现具有中国特色的人才治理体系和治理能力现代化。正确开展人才评价，除了一贯性的刚性要求外，还可以引入“负面清单”理念，赋予高校等政策执行主体足够的政策空间，便于高校和教学科研人员创新多元人才评价，有效提升人才治理的透明度、开放度和自由度。

从“管理”到“治理”，虽只有一字之差，却是一个巨大的理念变化。治理强调的是政府、市场、社会等各类主体共同参与。因此，在构建人才治理体系进程中，需要改进传统思维方式，加强顶层设计，将政府主管部门在人才治理中的职责定位明确为政策的制定者和监督者，从主导者转向引导者，加强开放式人才环境制度建设，扩大用人主体自身发展需求；针对不同人才特点来评价、使用和激励人才，改进由行政力量决定的资源分配体系，以及支撑这些体系的评估体系；通过完善的制度安排，构建分类施策和有利于人才长远发展的人才治理体系，促进形成具有国际竞争力的人才资源优势。

（二）适应调整优化评价体系导向的要求

长期以来，“SCI（科学引文索引）崇拜”等渗透在人才评价绩效考核、人才招聘、职称评定、学位获得、学科评估、科研资源配置等各方面，导致“论文产业链”“购买版面费”等问题时有发生，社会各界对破除论文“SCI至上”、优化学术生态的呼声十分强烈。“唯论文、唯帽子、唯职称、唯学历、唯奖项”号称“五唯”。“五唯”在科技界作为评价和资源分配的标准施行了很久，根本在于它简单和易操作。

进一步具体中央“三评改革”“分类推进人才评价机制改革”等人才评价体制机制改革总体要求，应高度重视该政策的推拉效应，进一步理顺内部行政权力和学术权力的关系。这“五唯”的操作不利于进行真实的人才评价，比较片面化、刻板化，长期来看必然会产生十分不好的影响，甚至会影响一代又一代的人，因此要消除“五唯”这一长期存在的问题。消除之后，要针对科技人才进行评价，就需要构建一个全新的评价机制，使之符合政策、社会的实际需求，该体系应以质量作为核心导向，并在实行过程中依据反馈信息持续改进评价的标准与方法。在对科技人才的成果进行评价的时候，要以科技人才成果的贡献、创新质量、绩效等为导向进行评价，不要只是单一地注重量或者是注重质，而是要确保质与量的统一。在设计科技人才评价制度体系的过程中，要使其满足国家社会进步、学科专业发展以及个人的成长需要，相关管理部门要深入实地去进行考察，收集资料，然后根据专业团队的支持，因材施评，根据不同人的学科、专业、行业的人才要求，根据其不同人才的贡献，制定出其需要的科技人才评价制度。总而言之，人才评级制度体系建设的关键就是要使用定量与定性相统一的评价方法，始终以科技成果质量为导向。

在学科评估过程中，要坚决打破“五唯”的评价标准，避免“唯论文、唯帽子、唯职称、唯学历、唯奖项”的片面化评价方法，要从多个方面多维度地对人才加以评价，比如“专利转化情况”“代表性学术著作”等等。

针对论文“代表作”的评价要加以完善优化，不要过于注重论文“代表作”的发表期刊，而是要专注其学术成果，专注论文内容；不要将 SCI 等作为判断论文“代表作”质量的唯一依据，而是要在这个程度上使用基于定量数据和证据的专家评价方法联合进行评判；除外文期刊外，人才的论文“代表作”还可以发布在中国期刊上，要鼓励优秀人才将论文“代表作”发表在中国期刊上，规定论文“代表作”必须要有一定比例的量发表于中文期刊上。

（三）深化“三评”监督评估机制的改革

“三评”监督评估机制就是指项目评审、机构评估、人才评价三大评估机制。深化“三评”监督评估机制的改革，就是要深化项目评审、机构评估、人才评价三大改革，在这个过程中，要深化“三评”改革的评估、督察、问责，要确立一个能够相互协作、广泛沟通且有明确分工的改革推进机制，使之能够与我国的社会发展相适应。这需要从两个方面来进行阐述：第一，从政府各部门来说，尤其是政府的各个主管部门要深化分类评价改革设计和试点，与科研院所、高校、市场、企业等增进交流，协调发展，加强对其的指导与监督，做好经验培训相关工作。第二，与政府部门相比，各个科研院所、高校、企业、评价机构等也要深化改革，不要过于看重眼前利益，而是要有长远眼光，从自身实际出发，确定好根本目的，设计好合适的人才评价方法和指标体系，在实行过程中不断地根据反馈信息进行动态调整。

在进一步完善监督约束机制过程中，要始终坚持以质量为导向，也就是说，在评价人才的时候，要将人才的质量作为评价的首要内容。不过，人才的质量并不是单纯指人才的学校经历、成绩、证书等，除此之外，还有学生本身所具有的能力、素质、水平等等。在人才评价过程中，要提高监督透明度与加大监督惩罚力度，从而更好地消除人才评价过程中的不公现象，健全质量导向的人才评价制度，增强其活力。

（四）以质量为导向发挥科技人才奖励制度的激励功能

由于我国的科学技术领域的资金主要来自政府投入，其他主体的投入比较少，在我国的科技人才评价和激励机制中所存在的主要问题就是政府的过度干预，而用人单位缺乏自主权。也就是说，政府不要过多地将权力拢在手中，否则，反而不利于科学技术领域的快速发展。在这种情况下，政府应该要转变其职能，还给用人单位一些权力与话语权。具体来说，以评价人才为例，在对科技人才进行评价之时，政府通常采用职称评审的方式，这种方式在一定程度上可以对科技人才进行评价，但是它缺乏与市场、企业的沟通交流，与其联系较少，因此其评价较好的科技人才并不一定符合市场与企业的人才需求。所以，在对科技人才进行评价之时，应该要将对人才的评价、激励等权力给予用人单位，实行“谁用人，谁评价”的准则，让用人单位根据其岗位职责的具体要求来对科技人才进行评价与激励，发挥其主体作用，这样，评价优良的学生往往就是企业市场所需要的人才。

在科技人才培养过程中，政府应当具有的职责权力主要是在三个方面：第一，在政策方面，政府要颁布人才评价、激励的相关政策、文件，使用人单位以此为依据对人才进行自主评价和激励；第二，在政府主导的科技计划管理、机构评估、人才计划等过程中引导着人才评价、激励的正常进行，使之更加有效地发挥其作用；第三，政府在用人单位的人才评价、激励的程序过程中起到监督作用，保证其公平公正。

针对科技人才，要发挥好以质量为导向的科技人才奖励制度的激励功能，对于态度积极、成果斐然、学术界普遍认可的科技人才要毫不吝啬，要充分肯定他们，赞扬他们，给予其适当的物质奖励与精神奖励，如奖金、升职、赞扬等等，深度认可他们的成果，激发他们的创造热情，以使其能够更好地造福社会。还可以引入市场激励机制，使科技人才获得应得的收益回报，从而更好地激发科技人才的创造热情，形成一个人才激励的长效机制。

（五）构建以科学共同体为中心的科技评价体系

1. 建立学术共同体主导的第三方评价机制

目前，我国的科研机构的主要资金来源还是政府，还未形成多元化的资金体系，由于政府投入大量资金，科研机构主要由政府来主导把控，其科学评审机构也是与政府的利益相关联，难以实现科学评价的多元化和全面化。要想实现客观公正、多元化、全面化的科学评价，这就需要各科研机构脱离政府的把控与主导，建立学术共同体主导的第三方评价机制。政府不要过多地掌控科学研究，要适当地下放权力，可以出资聘请第三方学术共同体成立评议委员会，组建独立评审机构，来对科学技术进行评价。同时，为了确保其公开公正，它也要接受来自学生、政府、社会各界的监督。

政府并不主导参与第三方评议机制，不过，它也要将自身职能赋予其中，这样才能给予其更加明显的科学权威。与政府评议相比，作为第三方评议机制的学术共同体不受其他利益的驱使，要更加独立客观。学术共同体主导的第三方评议机构，必须要有合理的组织模式，在评议过程中要始终遵循独立原则，鼓励良性竞争，公平公正地进行评议。在主导第三方评议机制的学术共同体中，各类学科

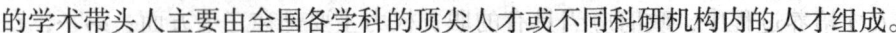

的学术带头人主要由全国各学科的顶尖人才或不同科研机构内的人才组成。

2. 营造尊重科学崇尚创新的社会氛围

无论是对于学生还是老师，还是科研人员，一个良好的社会氛围能够推动其更好地学习与发展。因此，要深化科技人才评价体制改革，就需要营造一个尊重科学崇尚创新的社会氛围。科技共同体需要营造一个尊重科学崇尚创新的社会氛围，这样科技共同体就能够更加自主地遵循科学文化建设，规范管理社会组织体制改革，避免不良现象的发生，同时还能够不断进行自我提升和完善。不过，我国的一些科技共同体自主发展意识不强，没有制定好科研活动发展的准则、公约等相关内容，对于职业道德、学风建设与教育等方面也比较缺乏，因此，难以发挥其自律自净的作用。

营造了一个尊重科学崇尚创新的社会氛围之后，在这个环境中，专业任务交给有经验的专业人才来完成，尊重科技共同体的运行规律，这样，在科技人才与成果的评价过程中，科技共同体才能够更好地发挥其决定性作用，同时更好地发挥政府在政策引导和政策支持方面的作用。明确科技社团承接政府转移职能的清单，建立承接准入机制和提升专业管理能力，明确学术和行政的边界，使政府、科协和学会各司其职，实现相互促进、良性互动。

四、营造健康的创新文化

创新文化，不仅是建设创新型国家和世界科技强国的新引擎，也是重要基石。回顾近代史上发生的数次世界科学中心的转移，意大利、英国、法国、德国和美国五个世界科技强国的崛起均与创新文化密切相关，发挥了“看不到的手”的作用。创新文化的核心是科学精神，而科学共同体作为科学精神的核心载体，不仅决定了全社会的科学文化特质，也直接影响到科学研究活动的数量和质量。创新活动需要崇尚理性、尊重知识、勇于竞争、不惧失败，需要以建设可信的科学共同体为抓手，营造健康的创新文化，并促进社会共同成长。

当今社会，科技创新为人类带来了巨大的物质财富，现代性的新图景、新概念不断涌现，创造了一种持续进步的、合目的性的、不可逆转的发展观念，时刻倒逼着人们迎接科技的福利，社会发展似乎成了科技创新下的“线性函数”，科技创新的力量也被赋予理性的光辉。但是，科技的变革并不是只有正面效益。事实上，科技创新固有的“自治”“自由化”必然与原有的社会利益、公众责任以及伦理道德等发生冲突，即使这种冲突没有立刻显现，潜在矛盾也是不可避免的。英国科学哲学家大卫·科林格里奇（David Collingridge）在1979年提出：在科技发展的早期阶段，人们对其潜在的影响和后果知之甚少；而在意识到这些影响和后果时，科技已经变得难以控制和改变，这就是所谓的“科林格里奇困境”。科林格里奇认为，当人们有能力干预和控制技术发展时，对其影响的了解很有限；而当人们对其影响有了更全面的了解时，干预能力已经非常有限。

具体来说，与科技创新一同而来的必然有大量的个人数据收集和处理，与个人隐私权和数据安全产生冲突；科技创新通常依赖于知识产权的保护，但过度的专利保护又可能阻碍科学的自由流动和创新；科技创新会加剧社会不平等的现象（如人工智能领域的算法歧视或加剧数字鸿沟）；生物技术的发展会带来伦理道德上的挑战，克隆、基因编辑等技术可能引发道德争议。科学自治强调科学家应该有足够的自由来追求创新和发现，但公序良俗和伦理责任又要求科学家在追求科学发展的同时，必须考虑其对社会的影响和责任。在科技高速发展的背景下，现有的法律体系暴露了显著的空白，包括大数据分析、人脸识别、基因数据保护等方面的法律。数字版权、互联网内容传播等的法律规范滞后，对数据泄露、网络攻击等问题的规范和处罚的空白或不足产生了影响。这些都在不断“呼唤”对科技创新活动及其价值的旧图景作出一种全新而深远的重塑，以期促进科学共同体与社会的共同成长，营造健康的创新文化。

（一）科技创新价值的重塑

第一，加强科技创新的包容性意图。科技创新需要有包容性反思和协商式民主的实质性过程，我们需以道德、包容、民主和公平的方式确定科技创新目标，需超越传统的伦理审查和批准的封闭框架，开辟和实现科学和创新的公共价值，这要求从创新的起点对科技创新的方向进行包容性审议，这可能会加剧参与原则和科学自由原则之间的矛盾，事实上，对于市场驱动型创新或者开放式创新来说，这种矛盾感觉并不新奇。在此基础上，未来的科技创新必须是一种以应对挑战为导向的科技创新，这种科技创新框架外延比创造商业价值更广泛，创新目标需根据其正确的影响来确定，而这些影响本身就存在于包容性的社会价值观之中。

第二，加强科技创新的制度性回应。在科技创新过程中，我们需围绕研究和创新过程建立一套整合制度化的预期、反思与回应机制。科技创新是一个反复的、持续的和灵活的适应性学习过程，将预期、反思和回应的过程整合到政策决策过程，就是一种制度化的回应能力，在实践中，它需建立在预期治理、各种形式的技术评估和公众参与的基础之上，在整个创新过程中，把已有的经验和未来的价值导向结合起来，为未来的科技创新提供参考和借鉴，明确创新的目标和方向，导出一套科技创新全生命周期的制度来进行管控和评价。

科技创新活动可能产生一系列预期和非预期的影响，涉及经济、社会、环境和文化等多个领域。科技创新可以带来新产品、新服务和新产业的出现，从而促进经济增长和就业机会的增加；改善人们的生活质量，提高医疗保健水平、教育水平和社交互动体验等；提高资源利用效率、减少污染和碳排放等环境问题，推动可持续发展；促进文化创新和文化产业的发展，为社会带来新的文化体验和文化财富。但是，科技创新也会引发新的社会和伦理问题，对政治格局产生影响，导致某些传统产业的衰退，以及经济结构的调整和转型。

在科技创新中，应随时预测未来的发展趋势，以制定相应的治理策略和措施；对技术成果进行实时监测和评估，及时调整和优化技术方案；让利益相关者早期参与其中，共同探讨和制定科技创新的目标和方向；特别关注科技创新可能带来的社会、环境和伦理问题，从而为科技创新提供合理的价值导向；将不同领域的知识、技术和资源进行整合，以实现科技创新的协同效应；模拟和分析不同的未来情景，发现潜在的机遇和挑战，并为决策提供参考。这些方法的实现需要建立具有前瞻性的科技创新评估机制，整合多方资源和利益，建立有效的信息沟通和反馈机制，并注重精细的政策管理和决策分析。

科学家和技术开发人员在进行科技创新时，应该牢记以下几个方面：科技创新的首要目的是解决现实生活中存在的问题，因此应该关注社会需求，并致力于发展创新技术来满足这些需求，改善人们的生活质量。科技创新的动机之一是推动社会的进步和发展，通过开发新技术和创新产品，推动社会各个领域的发展，促进经济增长、提高生产效率、改善医疗保健等。科技创新应该以人类福祉为中心，努力创造更健康、更安全、更可持续的社会环境，通过技术创新来帮助人们更好地生活、工作和交流。科技创新必须遵循伦理原则，确保科技的发展不对社会和个人造成负面影响，关注科技创新的伦理和社会责任，并致力于保护隐私、维护数据安全、避免歧视性应用。科技创新应该与可持续发展目标相结合，关注环境保护和提高资源利用效率，开发符合可持续发展原则的技术和解决方案，以促进经济、社会和环境的协调发展。

科技创新中的伦理、社会和政策问题都应该接受公共讨论和公开的决策过程，通过广泛的参与和辩论来促进其发展和应用。科学家和技术开发人员可以与公众、政策制定者、利益相关者等进行广泛的对话和辩论，了解他们的利益和关注点，以更好地满足社会需求和促进科技创新的可持续发展；确保科技创新的透明度和问责机制，公开技术和数据，回应公众关切，建立相应的投诉和纠正机制；遵循伦理和法律规定，尊重个人隐私和自主权；组织研讨会和论坛，邀请专家和公众参与，讨论科技创新中的伦理、社会和政策问题，以促进更全面的对话和意见交流。

科技创新的公共责任重塑。科技创新本身就是一个需要集体承担责任的集体过程，公共责任意味着每个人都承担着参与集体决策、集体辩论的特殊道德义务。传统结果主义的责任模型建立在各种知识形式的基础上，在这种模型中，科技创新通过事后判断评价创新行为的后果，这对创新来说是非常有问题的，因为创新是面向未来的，是高度不确定的活动。科技创新公共责任重塑是一种集体的、不确定的和不可预测的活动，它应更多关注基于价值的责任维度，而非基于规则的责任。科学家需要关注国家和社会的发展需求，对未来的趋势和挑战有清晰的认识，针对性地开展科技探索，为国家和社会的发展提供有益的解决方案；在深入了解理论和知识的基础上，探索新的科学领域和研究方向，为未来的科技创新奠定坚实的基础。科学家应该积极参与国际科技合作，拓展合作伙伴，分享科技成果和经验，促进知识共享和创新；将科技成果转化为实际产品和服务，为国家和社会创造经济价值和社会效益。面向未来的科技创新需要有强大的创新人才支持，因此，应该积极培养和引进高素质的科技人才，建立创新人才培养体系，为国家和社会长期发展提供稳定的人才支持。

科技创新过程中需要综合考虑多个方面的因素，包括技术的先进性与可行性、经济效益与工作效率、道德伦理可接受性以及社会对创新的期望。科学家应该追求技术的先进性，即采用最新的科学知识和技术手段来解决问题；然而，先进性必须与可行性相结合，确保技术的实际应用具备可行性和可操作性，能够在实际环境中有效运作。科技创新应该追求经济效益和工作效率的提高，创新技术应该能够创造经济价值，提高生产效率，降低成本，并为社会带来更好的福利；同时，科技创新也应该注重资源利用的效率，避免不必要的浪费。

科技创新必须符合道德伦理原则和社会价值观。科学家和技术开发人员应该确保科技创新不会对个人隐私、自由、尊严等重要权益造成侵害，避免歧视性应用，以及考虑技术可能带来的伦理困境。

科技创新应该积极回应社会的期望和需求。科学家和技术开发人员应该与公众进行沟通和对话，了解社会的期望和关切，并努力开发符合社会需求的创新技术和解决方案。

在实现经济、政治、文化、社会和生态文明建设的协调发展，构建全面协调可持续发展的现代化国家的背景下，科技创新必须遵循伦理道德规范，避免不道德的行为和不良后果；注重解决医疗健康、教育、交通、能源等社会问题和服务社会需求，促进社会公正、平等和可持续发展；注重生态环境保护，推动清洁能源、低碳经济、绿色生产等技术的创新，促进生态文明建设和资源节约利用；推动产业转型升级，实现经济高质量发展，如智能制造、数字经济、新能源、新材料等领域的创新应用，促进经济可持续发展和创新驱动发展。

（二）科技治理路径的选择

第一，促进科学共同体的自我进化。从历史上看，中国的科学共同体并没有像西方国家那样发育成为一个独立的科学共同体，当然也缺乏西方科学界在长期的发展过程中所形成的求实、创新等科学精神和自我约束的行为规范。为此，科学共同体需要提高自我进化能力。首先，在科技创新中弘扬科学精神，倡导学术道德与学术责任。科学精神是人类在认识自然和改造自然过程中体现出来的求真、求实、至善、至美的文化精神，科学精神要求科学共同体遵循诚实、公正、无私等道德规范，将科研规范内化于科技创新的思想和行为中，把对客观真理的追求作为科研活动的动因和最终目标，把通过踏实工作去获得创新成果作为科技创新活动的评价标准。其次，在科技创新中增强责任意识。在科技创新中，必须有生产公共知识的责任意识，严谨务实，作出真正经得起时间考验的创新性成就。最后，科学共同体需要加强自我约束与监督。在科学共同体中应逐步建立、完善基本的科研行为规范，各个组织应当加强本部门、本单位的学风建设，给科研人员提供一个健康、诚信的学术与创新环境。

第二，加强科学理性与社会理性结合。在改革与发展的浪潮中，科技创新所描绘的“科学疆界开拓取代地理边疆拓展”“科学创造美好未来”“独立自由的科学探索”等概念，俘获了人们对科技的想象力，也激发了人们在科技领域作为“勇敢拓荒者”创新的民族精神图腾，“美好科技”蓝图成为全社会一种抽象的、永恒的精神符号，并通过一系列合理化机制内化于社会场景，对科学“工具价值”的追求似乎被形塑为一种意识形态。使得科学创新只关注于工具的使用和应用，失去对科学本质和目的的追求和理解，只注重技术上的进步，而忽略科学在社会、文化和道德等方面的价值和意义。

工具理性和价值理性都是科学研究的重要方面。其中，工具理性指的是科学技术应用的效率和实用性，强调科学技术在解决实际问题中的作用；而价值理性则是指科学研究的目的和意义，强调科学研究对社会、文化和道德等层面的影响。如果只追求工具理性而忽视了价值理性，那么科技创新就可能变成一种单纯的“手段”，甚至退化为某个固定的“目的”，由此忽略科技发展的负面影响，比如环境污染、道德风险等。这样的科技创新应用最终会违背责任伦理，即只考虑科技的应用效果，而忽略其对社会和环境等的影响，导致增加风险和不确定性因素。未来科技创新需坚持科学理性与社会理性相结合的原则，批判科技创新的工具理性对价值理性的排斥、信念伦理对责任伦理的驱逐，建构起科技创新的社会理性的集体觉醒，强调不同利益群体的多元利益诉求。科技创新必须符合社会、文化、法律等方面的规定，同时也需要考虑道德和伦理的问题。因此，在科技创新中，应该遵循一定的规则、秩序、习惯与信念，这样才能保证科技创新的可持续性和负责任性。

公众心理和文化诉求也应该纳入科技创新的定义与评价体系中。具体来说，科技创新应该考虑公众的需求和期望，尊重公众的文化传统和价值观念，并且主动与公众进行交流和沟通，以此来实现科技创新的社会效益。科技创新活动不仅仅是一种技术过程，还涉及人类的情感、意志和个人经验。在科技创新中，人类的主体性应该得到充分的重视，科学家们应该尊重个人创造力和经验，并且鼓励员工之间的协作和交流，以此来促进科技创新的进步。

第三，促进知识合法性与参与合法性结合。传统科技创新活动强调技术的专业壁垒，支持通过专家系统界定科技创新边界。这种“知识合法性”的科技创新模式强调专家系统具有科学知识的优势，公众缺乏科学知识，需要提高科学素养，增进对科技的理解，从而最终获取公众对科学技术及其产品的信任。在知识合法性模式下，“政治专家”与“技术专家”紧密合作，依据技术路线图即技术发展的展望方向而作出创新决策，包括技术创新研发决策、技术创新投资决策、技术创新合作决策、产品创新开发决策、市场创新应用决策等，它代表着一种政治科学化的预想，预设了一个绝对中立、客观的“纯粹科学”，而公众因“知识残缺”而被排除在科学创新的场域之外，公众成为技术创新的被动接受者，是科学公共教育下的被教育者，也是技术创新不确定性风险的最终承担者，这实际割裂了与公众需求的呼应。

未来的科技创新，需将公众置于与科学家、政府的同等地位，不能强调“正式知识”为影响科技创新的关键要素，而应更加重视权力结构、价值融合、信任沟通等关系要素，从而打破“政治精英”和“技术精英”对科技创新的“垄断解释权”，使科技创新具备参与合法性的要素，并使之成为一种趋势，允许一般民众和社会组织参与科学共同体决策，确保其意见被考虑到科技创新决策中，构建开放的科技创新决策体系，促进专家和公众的意见表达，并保护社会对决策的合理质疑和有限证据的权利。此外，科技创新决策也需要经过政策评估和修正。

第四，建立政府、科学、市场、公众与社会的网络治理体系。在传统科技创新的治理体系中，“科学—政府—市场”行动者间处于强度关联状态，是整个创新网络的主体结构，主体（政府、专家和企业）与社会（公众、非政府组织）行动者间处于适度关联状态，是整个治理网络的支体结构。治理网络体系的“强—弱”链接分异，实质是科技创新的话语分配与秩序重构，它根植于特殊的政治、经济和文化土壤，而作为公权力承载的政府、知识权力承载的科学家、市场权力承载的企业和社会权力承载的公众及社会组织间，往往坚守彼此的专业视角、利益立场和话语体系，难以整合形成对科技创新的平衡性的集体认知。

未来科技创新的治理体系选择需以科学民主化为制度逻辑。在治理主体的关系建构上，应建立起以多元利益相关者相互信任为基础的网络治理体系，以此构建出更具一致性与包容性的科技创新评估与决策框架。政府、科学、市场、公众和社会之间的关系应该是平衡的，各主体应以平等的态度协商解决科技创新中的冲突目标和科学不确定性等问题，并努力达成共同理解。各治理主体必须以社会整体视角、最良善的意愿，在信任建构的基础上通过互动与理解达成对科技创新的价值界定与分配共识，构建话语秩序，力求利益平衡，形成多元理性的互动，在此基础上求同存异，寻求、整合关于科技创新的最大集体认知的公约数，当然，这是一个长期而复杂的过程。

（三）科技创新文化的培养

第一，培养传统价值与时代特征结合的创新文化。当今正处在一个前所未有的大变局时代，科技创新是这场大变革中具有革命性、颠覆性的因素，基于创新的社会生活实践和思想文化正在发生引人注目的变化，一种新的创新文化潮流正像朝阳一样蓬勃兴起。在创新的时代浪潮下，我们需挖掘中国传统文化的优秀成果价值，以中国传统文化的合理因素去完善科技创新文化，使传统文化的合理成分服务于共生、进步和繁荣的技术创新实践，使得科技创新既能反映传统价值，又能够体现知识经济的时代特征。特别是，我们应在民族自觉、民族独立的基础上，将中华民族勤劳勇敢、自强不息、团结统一、爱好和平等的优秀传统发扬光大，形成中国特色的科技创新实践体系。如将中国传统文化中“仁”和“善”的文化精神融入科技创新实践中，传递情怀、感受温暖、弘扬精神、实现使命，使人们能够在和谐的环境中开展技术创新实践，用知识造福人类。

第二，培养科学精神与人文情怀相结合的创新文化。科学精神是创新文化的核心要素，它为科技创新提供价值信仰、思想动力和思维方式，人文精神是人们思想观念、风俗习惯、生活方式、情感样式的集中表达。新时代科技创新文化的培养需坚持求真求实、怀疑批判、宽容的科学精神，同时突出人文情怀，实现道技统一。科技创新中科学精神与人文精神的融合，是科技与人文的融合，是“技”与“道”的统一。“道”的传承需要“技”，“技”的发展也需要“道”，科技创新促进人文关怀，科技就有了温度、有了灵魂，可以走得更远，未来科技创新的长足发展将取决于其能否促进人文关怀、增强社会理解并获得公众信任。

第三，培养国家需要与科学前沿结合的创新文化。当今世界科技创新路径更加多样复杂，技术更新更加快捷，科技成果转化更加迅猛，产业升级换代更加频繁，而科技创新已经成为国际竞争力的关键和核心因素。只有拥有强大的科技创新能力，才能提高我国的国际竞争力，实施创新驱动发展战略，是探索科学前沿、提高我国综合国力和国际竞争力的必然要求。因此，我们必须紧紧抓住科技创新这个核心，瞄准世界科技前沿领域，不断向科学技术广度和深度进军，瞄准国家攻破“卡脖子、弱基础、无人区”战略需求，不断提高科技创新能力和竞争力，构建面向国家需要和科学前沿的科技创新文化。

第四，培养知识创新与市场需求结合的创新文化。科技创新是一项系统工程，科技创新在不断攀登知识高峰，发挥知识生产、知识积聚、知识传承、知识服务功能的同时，更要坚持市场需求导向，主要是引导科技创新紧紧围绕产业和市场的发展需求，优化创新资源配置，抓住当前影响产业发展的技术瓶颈问题，加强技术攻关，努力掌握一批具有自主知识产权的核心技术、关键技术和共性技术，培养知识创新与市场需求相结合、产学研协同的科技创新文化。

第五章　推进以科技创新为核心的全面创新路径

本章主要介绍了四个方面的内容，分别是全面提升国家创新的驱动能力、全面拓展国家创新的发展空间、全面深化国家创新的体制改革、全面优化国家创新的社会环境。

第一节　全面提升国家创新的驱动能力

当今世界，国家创新驱动能力越来越成为综合国力的重要标志之一。世界上的一些大国都在摒弃传统的人力和资源要素驱动发展的方式，都在通过提升创新驱动能力来推动发展，寻找新的经济增长点，从而提高国际竞争力和影响力。因此，在新形势下，要结合时代发展潮流和国内发展需求，以重大科技攻关构筑国家先发优势，以基础研究突破来增强原始创新能力，从而全面提升国家创新的驱动能力，为中国成为世界经济科技强国奠定基础。

一、构筑国家先发优势

中国特色国家创新体系建设是增强综合国力的强大动力和重要支撑。从总体看，当今世界各国的科技创新系统，彻底突破了"就科技论科技"的初级阶段，科技创新与国家发展战略需要日趋密切，被赋予了更广泛的内涵和更重要的职责。

（一）实施关系国家全局和长远的重大科技项目

习近平总书记在党的二十大报告中提出，"加快实施一批具有战略性全局性前瞻性的国家重大科技项目，增强自主创新能力。”[①] 基于此，预计在已有国家科技重大专项的基础上部署更多体现国家战略意图的重大科技项目，开辟新的战略必争领域方向，抢占未来竞争制高点，推动生产力跨越发展，为提高国家综合竞争力和国防力量提供强大支撑。

要加快实施国家已部署的科技重大专项，助力专项成果应用和产业化，提高实施效果，大力开发具有国际范围竞争力的战略产品，建设高水平示范工程，向专项目标的方向努力，对改善民生、建设支柱产业起到带动作用。立足长远战略，重点发展反映国家战略意图的重大科技项目，在航空发动机、深海空间站、量子通信与计算等重点领域率先实现突破。

（二）构建具有国际竞争力的现代产业技术体系

1. 发展高效安全生态的现代农业技术

引入智能化农业机械设备，提高农业生产的自动化水平，包括智能播种机器人、自动化灌溉系统等；推动基因编辑、育种技术等生物技术在作物改良和疾病防控方面的应用，提高农作物的抗逆性和产量。

2. 发展新一代信息技术

推动5G和物联网技术的应用，实现智能设备之间的高效连接和数据共享；加强大数据和人工智能技术的研究与应用；推进云计算和边缘计算技术的发展；加强网络安全和隐私保护；促进产学研合作和人才培养。

3. 发展智能绿色服务制造技术

构建绿色供应链体系，推动节能减排、资源循环利用，提高产品的环保性能，符合国际环保标准；发展以服务为导向的制造模式，通过定制化、柔性化生产满足客户需求，提高产品附加值和市场竞争力。

4. 发展新材料技术

研发新型轻质、高强度复合材料，广泛应用于航空航天、汽车制造等领域，提高产品性能和竞争力；推动可降解材料、可再生材料等绿色环保材料的研发和

① 中华人民共和国政府．王志刚：加快实现高水平科技自立自强[EB/OL]．（2022-12-13）[2023-07-10]．https：//www.gov.cn/xinwen/2022-12/23/content_5733302.htm.

应用，满足国际环保要求，提升产品可持续发展能力；引入先进的材料加工技术，提高材料加工精度和效率，保证产品质量和稳定性。

5. 发展清洁高效能源技术

要大力发展以煤炭清洁高效利用和新型节能技术、可再生能源大规模开发利用技术、智能电网技术等新技术为重点的清洁低碳、安全高效的现代能源技术，稳步发展核能与核安全技术及其应用，支撑能源结构优化调整和温室气体减排，推进能源革命，保障能源安全。

（三）健全支撑民生改善和可持续发展的技术体系

"穷理以致其知，反躬以践其实。"[①] 科学研究既要追求知识和真理，也要服务于经济社会发展和广大人民群众。

1. 发展生态环保技术

要加大投入，推进绿色科技创新，加强基础研究和应用研究，提高技术水平和创新能力，逐步实现从传统污染治理向绿色发展模式转变。实施环保产业政策，推动工业结构调整，加速清洁生产技术的应用，促进绿色经济的发展，形成一批高效节能、低耗资源、低排放的环保产业。加强环境监管，建立健全环境监测体系，推动环保部门与企业、群众的联防联控，实现对环境的全过程监管。借鉴国际先进经验，推动污染物减排，实现排放标准的严格执行和超额完成，促进生态环境的修复和改善。建立社会共治机制，促进环保部门、企业、公众之间的互动，推动企业和公众的环保意识提高，形成全社会共同参与环保的良好氛围，形成源头控制、清洁生产、末端治理和生态环境修复的成套技术。

推动生态环境监测技术的发展，引入先进的遥感、无人机、传感器等技术，实现对生态环境数据的快速获取和分析。建立统一的数据标准和信息交换平台，促进各级监测站点、部门之间的数据共享与集成，通过信息化手段实现全网数据的实时传输、共享和整合，提高监测数据的精度和时效性。建立完善的生态环境监测网络，包括陆地、海洋、空气等多维度的监测系统，加强对水质、大气、土壤、生物多样性等方面的监测，实现全面、多层次、多角度的生态环境监测。引进先

① 李时．国学小辞典 [M]．南京：江苏人民出版社，2018：118.

进的自动化监测设备，实现对生态环境参数的自动收集、记录和传输，例如自动气象站、水质监测设备等，实时监测环境数据，并自动上传至监测中心。应用人工智能和大数据技术，对监测数据进行智能分析和预警，建立模型和算法，实现对环境异常情况的自动识别和预警，提高监测响应的及时性和准确性。建立跨部门、跨地区的生态环境监测协作机制，推动各级监测站点、研究机构、政府部门之间的合作与协调，共同制定监测标准、数据共享机制，形成上下联动、协同作战的监测网络。

2. 发展资源高效循环利用技术

在以保障资源安全供给和促进资源型行业绿色转型为目标的背景下，大力开发水资源、矿产资源和节约利用技术是非常重要的。政府和企业应当增加对高效开发和节约利用技术的研发投入，包括新型矿产勘探开采技术、水资源管理技术等，以提高资源利用效率；鼓励和支持先进技术在实际生产中的广泛应用，通过税收优惠、补贴等政策手段，推动企业采用更节约资源的生产工艺和设备；建立健全资源开发利用的监管制度，加强对资源开发过程中的环境保护和资源节约利用情况的监督检查，确保资源开发利用活动符合环保和可持续发展要求；加强技术转移，鼓励国际间资源技术合作，并为从事资源开发利用的人员提供相关技术培训，提升整个行业的技术水平；推动资源型行业向循环经济模式转变，加强废弃物资源化利用和再生利用技术研发及应用，最大限度减少资源浪费和环境污染。

加大对基础理论研究和技术研发的资金投入，鼓励科研机构和高校开展资源高效利用相关领域的前沿科研工作，培育一批具有国际影响力的科研团队。建立国家级或区域性的工程转化与技术转移平台，为科研成果的转化提供支持，推动科技成果向市场转化；同时，建立工程示范与产业化基地，用于验证和推广先进的资源高效利用技术，促进其产业化。制定和完善相关政策法规，为资源高效利用技术的研发和产业化提供税收、财政、金融等多方面支持，鼓励企业增加在该领域的投入。加强人才培养，建设相关专业的本科和研究生教育基地，培养适应资源高效利用技术发展需求的复合型、创新型人才。

3. 发展人口健康技术

基于“健康中国”的整体布局，在发展人口健康技术的过程中，要着重解决重大慢性病防控、人口老龄化应对等影重大的民生问题，通过加强科学研究和技术创新，开发更加先进、更加精准的慢性病诊治技术，提高患者治疗效果和生活质量；加强健康教育，提升公众健康意识和健康素养，倡导健康生活方式，从源头上降低慢性病发病率；建立完善的老年人健康管理服务体系，提供定期体检、健康咨询、康复护理等服务，全面关注老年人身心健康，提高老年人生活质量；利用信息技术和医疗设备，为老年人和患有慢性病的患者提供智慧医疗和远程医疗服务，方便患者就医、减轻医疗压力，并降低医疗成本。

要建立完善的生物数据共享平台和临床信息管理系统，实现对数据的高效、安全、可控共享和管理；加强对生物样本资源、诊治经验等资源的收集和整合，以共享的方式为临床医学研究中心和疾病协同研究网络提供数据支持；制定相关政策法规，为生物数据、临床信息、样本资源整合和研究合作提供政策支持，为研究成果的转化和应用提供保障。

制定鼓励医研企合作的政策，提供激励机制和优惠政策，鼓励企业投入研发，并提供支持和保障；建立公共创新平台，为医研企合作提供场地、设备和资源支持，促进跨界合作和创新研究；建立健全的信息共享机制，促进医研企之间、医研企与医疗机构之间的合作与交流，实现资源共享和协同创新；鼓励医研企合作成果的技术转化和产品产业化，加速科研成果向市场转化，推动医学科技发展；整合医疗、养老、康复等资源，推动医养康护一体化的健康保障体系建设，提供连续性的健康服务，满足人民群众多层次、多样化的健康需求。

4. 发展新型城镇化技术

在城市规划设计中，应注重保护自然生态环境和生态系统平衡，强调水资源的保护和利用、空气质量的改善、土地资源的合理利用等问题，采用绿色节能技术，鼓励低碳生活方式，推广公共交通工具等措施，实现城市的生态化发展。

考虑城市信息化建设，通过智慧城市建设，提高城市管理和服务的效率，增强城市安全管理能力，实现智慧交通系统、智慧能源系统、智慧医疗系统等应用。

加大创新型城市建设力度，注重科技创新和产业升级，鼓励高新技术产业和文化创意产业发展，提高城市产业结构的优化和升级，增强城市竞争力。推进人文城市建设，注重城市文化和社会服务，建设多样化的公共文化设施和社会服务设施，丰富城市文化内涵，提高城市居民的文化素质和生活品质。考虑紧凑型城市建设，注重城市空间利用的紧凑性和效率，控制城市扩张速度，提高城市土地资源的利用效率，促进城市经济、社会和环境的协调发展。

要将生态环境承载力、历史文脉传承、绿色低碳等理念融入规划设计全过程。在规划设计之前，需要对城市的生态环境进行综合评估，包括土壤质量、水资源、空气质量、生物多样性等方面，通过科学研究和数据分析，了解城市生态环境的现状和承载能力，为规划提供依据。要注重保护和修复城市的生态环境，例如，在规划中保留自然湿地、森林和绿地，增加城市的生态功能；采用生态建筑、雨水收集系统等技术，减少对生态环境的影响；推广循环经济和低碳技术，降低资源消耗和污染排放。尊重城市的历史文脉，保护和传承历史建筑、文化遗产和传统风貌，可以通过修复古建筑、保护历史街区、挖掘文化内涵等方式，将城市的历史文化融入规划设计中，增强城市的独特性和吸引力。要优先考虑绿色低碳的发展模式，可以通过设置绿色交通系统、建设节能建筑、推广可再生能源等方式，减少城市能耗和碳排放；同时，也需要鼓励居民采用低碳生活方式，如鼓励步行和骑行，提倡垃圾分类和资源回收等。

在规划设计全过程中，应引入公众参与机制，让居民和相关利益方参与决策过程。通过听取公众意见和专家建议，形成多元化的规划方案，确保生态环境承载力、历史文脉传承、绿色低碳等理念得到充分考虑。

新型城镇化建设中，科技创新是推动城市规划、建设、管理等各个环节的重要驱动力。为了形成较为完备的新型城镇化建设和发展理论体系、共性关键技术和标准规范体系，需要通过物联网、云计算、大数据等新兴技术手段，实现城市资源的统一调度、信息的共享传递和城市运行的自动化管理，提高城市的管理效率和公共服务水平；加强城市安全监控和应急管理，利用先进的安防技术和智能预警系统，实现城市安全的全面覆盖和快速响应；采用智能交通系统、车联网等新技术手段，优化城市交通路网，提高交通效率和安全性。

5. 发展可靠高效的公共安全与社会治理技术

建立健全公共安全体系是一个综合性的系统工程，需要全社会共同参与，从多个方面入手，确保公共安全建设能够以此为导向，提高社会治理能力和水平。

除了重视法律法规建设、加强公共安全教育和公共安全技术装备建设、推进社会管理之外，还要形成主动保障型公共安全技术体系。

首先，根据当前的公共安全形势和需求，确定关键技术研发的方向，例如，人工智能、大数据、物联网等技术在公共安全领域具有广泛应用前景；投入资金和人力，加强公共安全技术研究机构和团队的建设；推进信息化建设，提高公共安全管理效率。加强信息化建设，推进智慧城市建设，提高公共安全管理效率，实现精细化管理；加强协作机制，形成合力，建立健全公共安全协调机制，加强各部门之间的协调配合，形成合力，确保公共安全事故的及时处置和防范；选择典型的应用场景，开展公共安全技术的应用示范项目，通过实际应用验证技术的可行性和有效性，同时积累经验和改进技术；建立公共安全技术的评估机制和标准体系，对关键技术进行科学评估和认证，确保技术的可靠性、安全性和有效性，为技术的推广和应用提供参考依据。

加强对重大自然灾害发生机理、预测模型和风险评估方法等方面的基础研究，针对不同类型的自然灾害，开展关键技术的研发工作，如地震监测预警技术、气象灾害预测技术、洪水防控技术等；选择典型的自然灾害易发地区，开展综合应对的技术集成应用示范项目，整合多种监测手段和预警系统，建立灾害应对指挥平台，提高灾害应对的协同能力；鼓励各相关部门和机构进行数据共享与共建，建立全面、准确、实时的自然灾害监测数据平台。加强数据的标准化和统一，提高数据的可靠性和可用性；加大对重大自然灾害监测预警与综合应对科学技术问题的政策支持和资金投入力度，鼓励企业参与相关技术研发和应用示范项目，推动科技成果转化。

推进社会基础信息、信用信息等数据共享交换关键技术和综合应用技术研究，制定统一的数据标准和规范，确保不同数据来源的互操作性和一致性，建立数据共享的元数据管理机制，明确数据的格式、结构和含义；加强数据的安全管理和隐私保护，确保共享数据的安全性和合法性，制定相关的数据保护政策和法规，建立数据访问权限管理机制，对敏感数据进行加密和脱敏处理；完善数据共享的技术架构和平台，实现数据的集中存储和分布式管理，优化数据交换、整合和分析的功能；制定数据共享协议，明确数据提供方和使用方之间的权责关系、数据使用范围和安全要求等内容，建立奖惩机制，鼓励数据提供方积极参与数据共享，同时对违反协议的行为进行惩罚。

政府部门应主动推进数据开放，加强与社会基础信息、信用信息等数据提供方的合作，提高行政效能和服务水平；加大对数据共享交换关键技术和综合应用技术的研发投入，开展应用示范项目，验证技术的可行性和效果。

（四）发展保障国家安全和战略利益的技术体系

1. 发展海洋资源高效开发、利用和保护技术

基于“强化近海、拓展远海、探查深海、引领发展”的目标，利用卫星遥感、无人机、传感器网络等技术手段，为海洋资源开发、环境保护提供数据支持，为深海资源开发和环境保护提供技术保障。通过先进的工程技术手段，实现对远海资源的开发利用，促进海洋产业的数字化转型和智能化发展，建设海洋强国和“21世纪海上丝绸之路”。

2. 发展空天探测、开发和利用技术

加大对空间科学、空间技术等基础领域的投入，为发展新一代空天系统技术提供前沿科技支撑，推动新一代空天系统技术和临近空间技术的集成创新，提高我国在关键技术领域的研究水平和核心技术能力，积极参与国际空间合作项目，加大对空天系统技术和临近空间技术领域的人才培养力度。

3. 发展深地极地关键核心技术

集中深地极地探测开发，从数据采集、信号处理、成像算法等方面入手，深入研究地球物理勘探技术，提高勘探分辨率和深部探测能力，发展高精度定位技术，结合地球物理、地球化学、地质构造等多种信息来源，进行多源信息融合分析，提高资源勘探的准确性和可靠性。

二、增强原始创新能力

习近平总书记在中国科学院第十七次院士大会、中国工程院第十二次院士大

会上指出："我国科技发展的方向就是创新、创新、再创新。"① 原始创新是最根本的创新，最能体现一个国家和民族的创新能力，以及对人类文明作出的贡献。新形势下推进中国特色国家创新体系建设，必须坚定创新自信，在独创独有上下工夫，高度重视原始性专业基础理论突破，持续加强基础研究；必须加强科学基础设施建设，保证基础性、系统性、前沿性技术研究和技术研发持续推进，强化自主创新成果的源头供给；必须准确把握重点领域科技发展的战略机遇，选准关系全局和长远发展的战略必争领域和优先方向，通过高效合理配置，深入推进协同创新和开放创新，构建高效强大的共性关键技术供给体系，积极主动整合和利用好全球创新资源，从中国现实需求、发展需求出发，有选择、有重点地参加国际大科学装置和科研基地及其中心建设；必须壮大创新型科技人才队伍，努力实现关键技术重大突破，把关键技术掌握在自己手里。

（一）持续加强基础研究

党的二十大报告对加快实施创新驱动发展战略作出重要部署，强调坚持面向世界科技前沿、面向经济主战场、面向国家重大需求、面向人民生命健康，加快实现高水平科技自立自强。②

1. 加强自由探索与学科体系建设

要注重理工基础学科的发展，加强新兴学科（信息学、纳米科学等）的建设，推动跨学科研究和学科交叉与融合。应关注产业升级和结构调整所需解决的核心科学问题，推动环境科学、材料科学、工程科学等应用学科的发展。在基础前沿领域加大支持和投入力度，引导科学家将学术研究与国家目标相结合，提出更多原创理论，支持变革性创新研究，攻克前沿难题，催生新范式或新学科新领域。

① 中华人民共和国政府. 新华社评论员：撬动科技创新杠杆，创造国家发展奇迹 [EB/OL].（2014-06-10）[2023-07-10]. https：//www.gov.cn/govweb/xinwen/2014-06/10/content_2698433.htm.

② 中华人民共和国政府. 党的二十大代表热议——加快实施创新驱动发展战略 [EB/OL].（2022-10-22）[2023-07-10]. https：//www.gov.cn/xinwen/2022-10/22/content_5720797.htm ?eqid=d110f89d000975c700000002645b33bf&wd=&eqid=f13e227f0003097f00000006648ea75b.

2. 强化目标导向的基础研究和前沿技术研究

在基础研究和前沿技术研究方面投入更多资源，解决关键科学问题和推动变革性技术的发展。

紧密结合国家需求，解决与国计民生、产业核心竞争力相关的重大战略任务，促进基础研究与经济社会发展的结合。

选择战略性前瞻性重大科学问题，强化大科学研究组织模式，实现重大科学突破并抢占世界科学发展的制高点。

建立培育变革性技术科学基础的机制，推动变革性技术的创新和发展，为中国产业变革和可持续发展提供有生力量。

（二）建设高水平科技创新基地

1. 优化国家科研基地和平台布局

整合科研基地、科技资源共享服务平台和科研条件保障能力建设，建立科研基地，为科研人员提供先进的科研设施和场地，适应不同研究领域的环境条件。搭建一个科技资源共享平台，整合科研机构和科研人员的力量。为科研人员提供技术转移、知识产权保护和科技成果转化的支持。

2. 推进国家科学研究与技术创新基地建设

要加强以国家重点实验室为核心的科学研究基地建设，增加对国家重点实验室的经费投入，引进国际先进的科研设备、技术和人才，积极推动国家重点实验室与国际一流科研机构和大学的合作交流，吸引国际顶尖科学家来实验室开展合作研究。

3. 强化科技资源开放共享与服务平台建设

政府可以牵头建立集中管理的科技资源共享平台，提供各种科研仪器、设施和科学数据的在线服务；鼓励建立科研设备共享中心，将各类科研仪器设备集中起来，并提供给有需要的科研人员；推动科学数据的开放与共享，建立科学数据共享平台；建立科技资源共享的管理机制，包括资源申请、使用监管、设备维护等方面的规定和流程。

（三）加快培育集聚创新型人才队伍

1. 推进创新型人才结构战略性调整

习近平总书记曾指出：“人才资源是第一资源，也是创新活动中最为活跃、最为积极的因素。要把科技创新搞上去，就必须建设一支规模宏大、结构合理、素质优良的创新人才队伍。”① 要加大对本科、硕士、博士等高层次人才的培养力度，推进“双一流”建设，鼓励各类高校、科研机构与企业合作，提高人才培养质量；注重技能型人才和中高级技术人才的培养，完善职业教育体系，拓宽学历教育和非学历教育的渠道，为产业发展提供更多的技能型人才和中高级技术人才。

建立科学严谨的青年科技人才评价机制，注重以科技创新能力为导向，从科研能力、成果质量、学术声誉、国际影响等方面全面评估青年科技人才的综合实力。加大对青年科技人才的培养力度，通过各类人才培训、科研项目、创新创业等方式，提高青年科技人才的综合素质和创新能力。

通过各种形式的宣传教育活动，向社会传播工匠精神的内涵和价值，强调坚持不懈、追求卓越、勇于创新、精益求精的工匠精神。鼓励高校和职业教育机构开设实用工程专业，重视实践能力和技术应用能力的培养，建立与企业紧密对接的实训基地，使学生在实际工程项目中得到锻炼和成长。加大对卓越工程师的培养扶持力度，为其提供更多的科研项目支持和实践机会，鼓励他们在工程领域进行创新研究和实际工程项目应用，培养具有国际竞争力的卓越工程师。

组织知识产权和技术转移人才的培训班、研讨会、学术交流等活动，提供国内外优质资源和平台，拓宽人才的视野和交流渠道，增强其专业素养和创新能力。鼓励知识产权和技术转移人才参与科研项目和技术转移实践，在实际工作中积累经验，提高解决问题和管理能力，培养实战型人才。建立知识产权和技术转移人才的职业发展通道，设立相应的职称评定和晋升机制，为人才提供良好的职业发展前景，激励他们在知识产权和技术转移领域持续发展。支持和推动知识产权和技术转移相关行业协会和组织的建设，促进业界交流与合作，提供专业指导和咨

---

① 中国共产党新闻网. 习近平：科技创新、制度创新要两个轮子一起转 [EB/OL].（2019-02-01）[2023-07-10]. http：//cpc.people.com.cn/xuexi/n1/2019/0201/c385476-30605179.html.

询服务，为人才提供更多发展机会和资源支持。

2. 大力培养和引进创新型科技人才

中国科技队伍规模是世界上最大的，这是中国人民引以为豪的巨大成就。但是，中国在科技队伍上也面临着严峻挑战：创新型科技人才结构性不足矛盾突出，世界级科技大师缺乏，领军人才、尖子人才不足，工程技术人才培养同生产和创新实践脱节等问题依然存在。在培育创新型人才队伍的实践中，政府可以通过引导和鼓励各方有序参与人才资源开发和引进，通过相关政策吸引企业、高校和科研机构积极参与人才培养和引进；建立科学、公正的人才评价机制，鼓励人才在创新领域取得突出成果；根据人才的专业领域、研究方向、工作经验等因素，更好地了解其特点和需求，针对不同类别的人才探索个性化的培养路径。

第二节　全面拓展国家创新的发展空间

一、构建多层次区域创新高地

（一）建设具有全球影响力的科技创新中心

一方面，发挥北京高水平科研机构、高端科研成果、高层次人才的优势，大力推进“雄安新区”建设，着力打造创新驱动引领区、协调发展示范区、开放发展先行区，推动其在加快构建京津冀世界级城市群的进程中，成为创新驱动发展的重要引擎。另一方面，支持上海发挥资源优势和开放优势，建设国际化科技创新中心。

（二）推动国家自主创新示范区和高新区创新发展

按照“东转西进”原则，鼓励企业在自主创新示范区和高新区设立研发中心，并提供财税等多方面优惠政策，吸引更多优秀的企业和人才落户；在自主创新示范区和高新区建设完善的科技创新生态环境，包括建设科技孵化器、技术转移中心、专业服务机构等，为企业提供全方位的科技服务和支持；加强产学研合作，为企业提供更多的科技创新资源和支持，鼓励企业与高校、科研院所等开展深入合作，实现优势互补。

（四）系统推进全面创新改革试验

建立健全科技创新政策体系，激励企业和科研机构增加创新投入；建设高水平科研平台，吸引国际一流科学家和研究团队，加强基础研究和前沿技术研究，提高自主创新能力；明确授权一些地区进行全面创新改革试验，并赋予其一定的自主权和政策灵活性，为试验地区提供支持；为区域性改革创新平台提供支持，促进各地之间的合作与协同，建立区域性创新联盟或合作机制，建设一批区域性创新平台。

二、提升区域创新协调发展水平

（一）推动跨区域协同创新

鼓励创新资源在不同地区间流动，出台优惠政策，吸引创新企业在落户、扩张时选择落户或扩张至中西部地区；建立跨地区的交流平台，例如科技园区、合作社等，让不同地区的创新资源能够得到共享和利用，以提高整个地区的创新能力；加强人才培养和流动，让有创新能力的人才在不同地区间自由流动，从而促进创新资源的流动。

（二）加大科技精准扶贫开发力度

科技创新对于精准扶贫具有重要的作用，可以提高贫困地区的发展水平，促进贫困人口脱贫致富。应在贫困地区着力培养和引进高素质人才，推进智力扶贫；提供创业资金、技术培训、市场推广等支持；促进跨区域、跨领域合作，实现资源共享，提高贫困地区整体竞争力，从而推进协同扶贫。

（三）提升基层科技创新服务能力

促进基层科技创新，建立县级科技创新示范基地或科技创新孵化器，为基层科技创新提供场地、设备和专业服务支持，促进科技成果转化和产业化。加强县、市科技人才培养，通过组织培训、开展交流合作等方式，提高基层科技工作者的专业素质和创新能力。鼓励县级单位之间、县与高校、科研院所等科技机构之间开展科技合作与交流，并建立科技创新能力评价指标体系，包括基层科技创新项目数量、科技成果转化率、专利申请数量等指标，定期对各县（市）进行评估和排名，为科技创新提供参考和借鉴。

三、打造“一带一路”协同创新共同体

推进“一带一路”建设，是中共中央主动应对全球形势深刻变化、统筹国内国际两个大局作出的重大战略决策，对于推动中国新一轮对外开放和沿线国家共同发展意义重大。所以，要发挥科技创新合作的先导意义，提高与“一带一路”沿线科技创新合作水平，构建创新共同体。

（一）加强与“一带一路”沿线国家的合作研究

搭建跨国科技合作平台，为各方提供交流和合作的机会；各国政府制定鼓励和支持科技合作的政策，包括减少贸易壁垒、简化合作手续、提供资金支持等；在民生、环境领域加强合作，共同开展科技研究项目，推动技术创新和知识共享；合作应紧密围绕可持续发展目标展开，注重环境友好、资源节约和生态保护；建立科技信息共享机制，加强沟通与交流，共同应对全球性挑战。

（二）加强联合研发和技术转移中心建设

中国科研机构、高校和企业应同“一带一路”沿线国家积极合作，共享科研设施、实验室和技术平台，促进资源共享和优势互补；加强人才交流与培训，推动科研人员、技术人员和管理人员的国际化合作与交流；建立知识产权保护机制，规范科研成果转化流程，鼓励联合实验室将科研成果转化为实际生产力，并推动技术、产品和服务向“一带一路”沿线国家输出；加强对“一带一路”科技合作成果的宣传推广，营造良好的合作氛围，吸引更多科研机构、高校和企业参与合作。

（三）促进科技基础设施互联互通

通过信息技术合作，包括云计算、大数据、物联网等技术的共享与应用，促进交通和网络基础设施的互联互通，为各国的交通和网络基础设施建设提供技术支持和解决方案。在跨境物流领域推动智能化、信息化技术的应用，提高物流效率和降低物流成本，促进各国间的货物流通和交换，打破交通壁垒，提升基础设施的互联互通水平。

（四）密切科技沟通和人文交流

促进“一带一路”沿线国家的人文交流，开展学术研讨会、培训班和夏令营等活动，以及艺术展览、演出等，推动各国文化艺术的交流与传播。通过学术合作，推动知识的传播和创新，为人文交流提供更加深入和丰富的内容。

四、全方位融入和布局全球创新网络

习近平总书记曾指出“我们强调自主创新，绝不是要关起门来搞创新。”[①] 在经济全球化深入发展的大背景下，创新资源在世界范围内加快流动，各国经济科技联系更加紧密，任何一个国家都不可能孤立依靠自己的力量解决所有创新难题。我国应拓展视野，关注全球科技创新领域的前沿动态和趋势，了解各国家、地区的科技创新政策；不断探索新的合作模式、创新路径和机制，通过全球科技创新资源的整合与协同，实现科技成果的优势互补和快速转化；积极参与国际标准制定和政策制定等方面的工作，推动全球创新治理的建设和发展。

（一）完善科技创新开放合作机制

加强国家科技外交和合作，深化政府间科技合作，是许多国家在当前全球化时代面临的共同挑战。科技领域的合作有助于推动技术创新、促进经济增长，并为各国带来更多的发展机遇。分类制定国别战略，则有助于更好地调配资源，针对不同国家和地区的特点和需求，制定科技合作的具体方案。创新国际科技人文

① 央视网．习近平八天内两论自主创新与开放创新 [EB/OL].（2016-04-28）[2023-07-10]. https：//news.cctv.com/2016/04/28/ARTIjKfC4mKXiycT6DDGz8b3160428.shtml.

交流机制，可以促进不同国家之间的交流与合作，从而增进相互理解和友谊；加大国家科技计划开放力度，可以吸引更多的国际科技人才和资金投入，推动科技创新和发展。

（二）促进创新资源双向开放和流动

首先，企业需要深入了解国家的科技发展战略和科技需求，包括重点领域和优先发展方向，确定与哪些具有创新优势的国家展开合作，并为合作项目的定位提供指导。企业可以通过多种途径寻找具有创新优势的国家的合作伙伴，如参加国际科技交流会议、与相关机构建立联系、利用国际合作平台等；积极参与国际合作项目，通过合作与国际合作伙伴共同攻克科技难题、推动技术转移和市场拓展，提升企业的国际化竞争力；重视知识产权保护工作，确保自身的创新成果得到合理的保护和利用。

第三节　全面深化国家创新的体制改革

实施创新驱动发展战略，提高自主创新能力是关键环节，而提高自主创新能力需要从体制机制等多方面来保证。深化科技体制改革是全面深化改革的重要内容，是实施创新驱动发展战略、建设创新型国家的根本要求。习近平总书记强调指出："政策要宽，就是要营造有利于大众创业、市场主体创新的政策环境和制度环境。政府要加快转变职能，做好自己应该做的事，创造更好市场竞争环境，培育市场化的创新机制，在保护产权、维护公平、改善金融支持、强化激励机制、集聚优秀人才等方面积极作为。"①

一、深入推进科技管理体制改革

深化科技管理改革是提升科技资源配置使用效率的根本途径。

① 湖北省人民政府. 中央经济工作会议在北京举行 主动适应经济发展新常态[EB/OL].（2014-12-12）[2023-07-10]. https://www.hubei.gov.cn/zwgk/hbyw/hbywqb/201412/t20141212_598629_mob.shtml.

（一）健全科技创新治理机制

要顺应创新主体多元、活动多样、路径多变的新趋势，推动政府管理创新，形成多元参与、协同高效的创新治理格局；建立并完善国家科技规划体系，国家科技规划需进一步聚焦战略需求，重点部署市场不能有效配置资源的关键领域研究，进一步明晰中央和地方科技管理事权和职能定位，建立责权统一的协同联动机制；建立部门科技创新沟通协调机制，加强创新规划制定、任务安排、项目实施等的统筹协调，优化科技资源配置；建立创新政策调查和评价制度，定期对政策落实情况进行跟踪分析，及时调整完善。

（二）构建新型科技计划管理体系

习近平总书记曾指出："我们的科技计划在体系布局、管理体制、运行机制、总体绩效等方面都存在不少问题，突出表现在科技计划碎片化和科研项目取向聚焦不够两个问题上。"① 必须彻底改变"政出多门"的格局，坚持按目标成果、绩效考核为导向进行资源分配，统筹科技资源。根据国家发展需求，制定明确的科技发展战略目标和重点领域，明确科技创新的定位和方向；优化财政科技计划的布局，整合各类科技资源，提高资源的配置效率，建立科技创新引导基金，支持关键领域和重大项目的研发与应用。建立跨学科、跨部门、跨地区的科技创新合作机制，促进不同领域、不同层次之间的协同创新，实现资源共享和优势互补。

（三）进一步完善科研项目和资金管理

要建立高效规范的科研项目评估机制，确保科研项目的合理性和科学性，评估可以包括同行评审、专家论证等方式，以提高科研项目的质量；规范科研资金申请、审批和监管机制，确保科研资金的合理分配和有效使用，加强科研经费的监督和审计，保证科研资金使用的透明度和合规性。鼓励科研机构建立独立的财务制度和科研预算管理体系，充分考虑科研的特殊性和灵活性，采取科学、合理的财务管理方法。建立基础研究专项资金，增加对基础研究项目的投入；鼓励高

---

① 中华人民共和国审计署．中央全面深化改革领导小组第五次会议：严把改革方案质量关督察关[EB/OL].（2014-09-29）[2023-07-10]．https：//www.audit.gov.cn/oldweb/n4/n18/c60213/content.html.

校和科研院所建立相对独立的学术评价体系，支持个人科研者在研究选题上的自主权，鼓励创新思维和跨学科研究。

（四）全面推进科技管理基础制度建设

习近平总书记曾指出，“总体上看，现在一些地方和部门，科技资源配置分散、封闭、重复建设问题比较突出，不少科研设施和仪器重复建设和购置，闲置浪费比较严重，专业化服务能力不高”①。要从健全国家创新体系、提高全社会创新能力的高度，建立统一开放的科研设施与仪器国家网络管理平台，并实行全流程痕迹管理，明确科研设施与仪器国家网络管理平台的建设目标、原则、职责等，进行科研设施与仪器国家网络管理平台的技术规划和架构设计，包括网络通信、数据存储、安全保障等方面。建立国家科技计划管理信息系统和中央财政科研项目数据库，将科研设施与仪器的相关数据整合到统一的平台中，实现数据的共享与开放。制定科研项目管理的流程和规范，明确各个环节的责任和要求，并建立相应的痕迹管理机制。

二、建立技术创新市场导向机制

企业是科技与经济紧密结合的主要载体，理应成为技术创新决策、研发投入、科研组织、成果转化的主体。科研和经济联系不紧密的问题，是中国多年来在科技创新领域的一大痼疾。这个问题解决不好，科研和经济始终是“两张皮”，科技创新效率就很难有一个大的提高。

（一）建立企业主导的产业技术创新机制

基于经济转型升级和新兴产业发展的形势，建立企业技术创新对话、咨询制度，为企业提供全方位的技术咨询服务，帮助企业解决技术难题；建立支持企业技术创新、管理创新、商业模式创新的新机制，加大财政、税收等政策扶持力度，对技术创新、管理创新、商业模式创新表现突出的企业给予奖励，建立风险投资

① 中华人民共和国政府．科技服务业产业获扶持 2020 年规模达到 8 万亿元 [EB/OL]．（2014-10-29）[2023-07-10]．https：//www.gov.cn/zhengce/2014-10/29/content_2771943.htm.

机构，引导社会资本向创新型企业倾斜；完善技术创新评价机制，对企业的技术创新贡献进行评估，为企业提供更多支持。

（二）加强对科技型中小微企业发展的支持

政府可以设立专门的创业投资引导基金，旨在引导社会资本向科技型中小微企业提供融资支持。为了吸引更多社会资本投资科技型中小微企业，政府可以进一步优化投资环境，例如，简化审批程序、加强知识产权保护、完善法律法规等；组织建立风险投资联盟，将创业投资引导基金与私人风险投资机构、创业孵化器等相关机构进行合作；设立专业化的服务机构，为科技型中小微企业提供专业化的技术支持、创新咨询和管理服务；建立科技型中小微企业联盟，通过线上平台开展资源共享、信息交流、合作对接等活动，提升企业与外界的联系和影响力。

（三）健全产学研用协同创新机制

为了鼓励构建产业技术创新联盟，在重点领域整合形成产业创新中心，政府要提供经费和税收优惠等支持，鼓励企业、高校和科研机构开展合作，共同推进产学研的紧密结合。建立技术转移机构或中介组织，促进科研成果向产业转化，推动科研成果的应用和推广，帮助企业提高创新能力和竞争力。在战略性领域布局产学研基地，提供场地和设施支持，吸引企业、高校和科研机构入驻。

三、构建协同高效的科研体系

习近平总书记曾指出："随着科学技术不断发展，多学科专业交叉群集、多领域技术融合集成的特征日益凸显，靠单打独斗很难有大的作为，必须紧紧依靠团队力量集智攻关。"[①] 科研院所和高校是源头创新的主力军，成为世界科技强国，成为世界主要科学中心和创新高地，必须拥有一批世界一流科研机构和研究型大学，必须大力增强其原始创新和服务经济社会发展能力。

① 中国科学院.《习近平关于科技创新论述摘编》（五）[EB/OL].（2016-04-29）[2023-07-10]. http：//www.sia.cas.cn/lxyz/xxljh/201604/t20160429_4593219.html.

（一）加快科研院所分类改革

要按照事业单位分类改革方案，遵循规律、强化激励、合理分工、分类改革，对承担国家基础研究、前沿技术研究、社会公益技术研究的科研院所，要以增强原始创新能力为目标，尊重科学、技术、工程各自运行规律，扩大院所自主权，扩大个人科研选题选择权。对已经转制的科研院所，要以增强共性技术研发能力为目标，进一步实行精细化的分类改革，实行“一院一策”“一所一策”，有些要以公益为主、市场为辅，形成产业技术研发集团，有些要进一步市场化，实现混合所有制，建立产业技术联盟。实施中科院率先行动计划，发挥其集科研院所、学部、教育机构于一体的优势，探索中国特色国家现代科研院所制度。

（二）全面推进高校创新体系改革

建立国际化的教育体系，提高学校的国际化水平，培养具有国际竞争力的人才；学科是世界一流大学的核心竞争力，要制定科学合理的学科发展规划，优化学科结构，加强学科交叉融合，推进学科创新；建立科学的教学评价体系，加强师资队伍建设；完善科学合理的科研管理体系，优化科研组织结构，加强基础研究和应用研究，推进科研创新；改革科研管理制度、加强知识产权保护、优化资金管理、改进科研评价机制等措施，深化科研体制改革，为学校创新发展提供有力保障。

（三）培育发展新型研发机构

建立面向市场的新型研发机构，了解市场和行业的发展趋势，明确关键技术需求；与各地区、行业内的研发机构、高校、企业等建立合作伙伴关系，形成跨区域跨行业的合作网络。根据关键技术需求和合作伙伴的专业领域，制订详细的研发计划。组建跨区域跨行业的高素质研发团队，包括科学家、工程师、技术专家等。在不同区域建立研发中心或分支机构，形成覆盖多地区、多行业的研发和服务网络。

四、完善科技成果转移转化机制

科技创新不仅仅是实验室里的研究，更是将科技创新成果转化为推动经济社会发展的现实动力，这是创新驱动发展的本质要求。习近平总书记在中国科学院第十七次院士大会、中国工程院第十二次院士大会上曾指出："多年来，我国一直存在着科技成果向现实生产力转化不力、不顺、不畅的痼疾，其中一个重要症结就在于科技创新链条上存在着诸多体制机制关卡，创新和转化各个环节衔接不够紧密。"①要解决这个问题，就必须深化科技体制改革，实施促进科技成果转移转化行动，破除一切制约科技创新的思想障碍和制度藩篱，处理好政府和市场的关系，完善相关配套措施，强化技术转移机制建设，推动科技和经济社会发展深度融合，加强科技成果权益管理改革，打通从科技强到产业强、经济强、国家强的通道，以改革激发和释放科研人员创新创业活力，加快建立健全国家创新体系，让一切创新源泉充分涌流。

（一）建立健全技术转移组织体系

完善高校和科研院所现有的技术转移工作机制，促进专业化科技成果转化，进行技术转移。同时，在不为编制增加压力的前提下建立专业化技术转移机构，培养一批高质量技术转移机构。促进高校、科研院所等与市场的成果对接，促进科技转化。完善科技成果转化机制，发布符合产业转型升级方向的科技成果包，补充技术源头供给。构建国家科技成果信息系统，促进各类科技成果信息的交流。

（二）深化科技成果权益管理改革

为高校和科研院所自主决定转让、许可、作价投资所持有的科技成果的权利提供保障，明确约定科技成果的权属、作价、折股数量、出资比例等；改进科技成果归属相关的法律文件，确保开发者收益集中应用于新技术研发与成果转化，为技术转移过程提供保障。

① 中国共产党新闻网．习近平：在中国科学院第十七次院士大会、中国工程院第十二次院士大会上的讲话[EB/OL].（2014-06-10）[2023-07-10]．http：//cpc.people.com.cn/n/2014/0610/c64094-25125594.html？ from=timeline&isappinstalled=0.

（三）完善科技成果转化激励评价制度

改进科技型企业实施股权和分红激励政策、成果转化奖励政策，完善科技成果、知识产权归属和利益分享机制；将科技成果转化情况列入各教研院所评价指标当中，大力扶持绩效突出的高校、科研院所及个人；完善相关争议仲裁和救济制度。

（四）强化科技成果转化市场化服务

建设国家技术交易网络平台，以“互联网 +”促进转化科技成果，打造线上与线下相结合的交易平台。支持技术转移，建立完善区域性、行业性技术市场，打造国内外共享的创新资源技术转移网络。完善产权交易平台功能，促进科技成果的收益转化。有条件的技术转移机构，可多方面征求基金合作。

（五）大力推动地方科技成果转移转化

引导科技管理部门全方位发挥职能，促进省、市、县三级科技成果转化，让基础设施扎实、创新资源充足的省区市发挥带头作用，通过高新技术区，加强示范效应，大力推广创新工作经验和模式。构建地方通用性或行业性技术创新服务平台，助力研发设计、知识产权等服务。

第四节　全面优化国家创新的社会环境

社会创新是国家创新的基础。只有形成重视创新、崇尚科学的良好社会创新环境，才能为国家创新能力的提升提供源源不绝的动力，才能建成创新型国家。因此，在新形势下，要推进大众创业万众创新，加强科学普及，用创新文化来激发整个社会的创新活力和动力，树立科学创新发展理念，全面优化国家创新的社会环境。

一、推动大众创业万众创新

（一）建立完善支持创新创业的体制机制

要围绕创新创业人员的现实需求，建立、改革和完善符合不同时期和行业特点的创新创业体制机制，有利于支持创新创业发展的体制机制，从而保障创新创业的健康有序发展。

1. 构建公平竞争的市场环境

简化行政审批程序，降低创业门槛，取消不合理的准入限制，为创新型企业提供更加公平的市场准入机会。政府应转变职能，由过多干预市场转向提供公共服务和制定公平竞争规则。积极推进市场体制改革，鼓励竞争，打破行业垄断，促进市场多元化发展。建立健全企业信用信息公示制度，及时披露企业信用信息，提高市场透明度。制定和完善创新创业支持政策，为创新创业提供资金、技术和人才支持。同时，注重营造创新氛围，鼓励创新思维和实践，培养创业精神。

2. 加强创业知识产权保护

建立知识产权市场，通过交易促进创新技术的转化和应用，鼓励企业在知识产权市场中进行合理的知识产权交易，提高知识产权的价值和利用效率。建立全国性的知识产权运营公共服务平台，为知识产权持有人提供专业、高效、便捷的知识产权服务，包括知识产权维权、知识产权交易等方面的服务，促进知识产权的应用。加大对侵犯知识产权行为的打击力度，探索实施惩罚性赔偿制度，加大侵权者的经济惩罚力度，提高知识产权侵权的成本，减少侵权行为的发生。建立完善的知识产权权利人维权机制，加强知识产权保护力度。包括建立知识产权维权基金，提供资金保障，加强维权者的法律援助。

3. 健全创业人才培养机制

建立科学有效的创业创新绩效评价机制，以激励和引导创业者追求卓越。通过课程设置、培训活动等形式，培养学生和社会各界对创新创业的兴趣和热情，提高创业意识和创业能力。建立创业导师队伍，为创业者提供专业的指导和支持。建设创新的创业实践平台，为创业者提供创业孵化、创投服务、技术支持等全方位的创业资源。加强产学研结合，推动科技成果转化和创新创业的紧密结合。

（二）建设服务实体经济的创业孵化体系

1. 建设各具特色的众创空间

“众创空间”是指为创业者和初创企业提供办公、孵化、培训、资金支持等服务的场所，它旨在为创业者提供资源共享、合作交流的平台，帮助创业项目快速成长并成功落地，推动众创空间朝着专业化、细分化方向发展，加强专业团队对众创空间进行运营管理和细分，提供特色化、专业化的创业服务，鼓励与当地产业发展对接，拓展创业生态圈，更好地服务于实体经济。

2. 完善创业孵化服务体系

大学科技园和科技企业孵化器是促进创新创业的重要载体，可以提供办公场所、技术设施、资金支持、法律咨询等资源支持，帮助创业团队降低创业成本；建立起创业者之间的交流平台，搭建行业内的社交网络；连接产学研三方资源，促进技术创新与实践的完美结合，推动科技成果转化。为鼓励企业和社会资本参与投资建设孵化器，也应建立企业、社会资本和孵化器之间的合作机制，促进资源共享和互利合作；为企业和社会资本提供专业化的支持服务，鼓励孵化器与企业、社会资本合作，推动科技成果的转化和商业化。

（三）健全支持创新创业的金融体系

1. 壮大科技创业投资规模

通过多种投资方式壮大创业投资和政府创业投资引导基金规模，对初创期创业企业直接给予支持。引入更多投资力量，构建对创业创新和新兴产业友好的长效机制。拓宽创业投资资金供给渠道，加大融资支持。

2. 发展支持创新的多层次资本市场

政府加强监管、减少限制，推动资本市场透明化和规范化，提高投资者信心；为创业企业提供更多的金融服务和支持，如专业的投行、风险投资基金等。给予优惠的税收政策、减免手续费等支持，帮助创新创业企业降低融资成本。鼓励企业通过股权融资、债券融资、私募股权投资等多种方式获得融资，促进企业健康发展。

3. 丰富创新创业融资模式

支持互联网金融发展，引导和鼓励众筹融资平台规范发展，开展公开、小额股权众筹融资试点，加强风险控制和规范管理；丰富完善创业担保贷款政策，支持保险资金参与创业创新，发展相互保险等新业；完善知识产权估值、质押和流转体系，依法合规推动知识产权质押融资、专利许可费收益权证券化、专利保险等服务常态化、规模化发展，支持知识产权金融发展。

二、提升国家科学普及能力

（一）强化科普基础设施和科普信息化建设

科普活动需要进行信息的交流和传递，而只有完善的基础设施和技术支持才可以提供各种沟通工具和平台。为满足不同地区和群众的科普需求，应全面推进基层科普设施建设，明确基层科普设施建设的目标、重点和优先方向，并提供财政资金和政策支持，鼓励各级政府和社会力量积极参与；针对不同地区和群众的科普需求，进行调研和分析，了解当地的科普资源和潜在合作伙伴，为建设科普活动场所和设施提供依据；根据实际情况，灵活选择建设模式，如独立建设、合作共建或利用现有场所改造等方式，确保科普设施的可持续性和多功能性；结合现代科技手段，如虚拟现实、互动展示、智能设备等，提升科普活动的吸引力和互动性，使科普设施更具科技感和创新性；加强对基层科普设施的宣传和推广工作，利用多种渠道，如社交媒体、宣传展板等，向公众传递科普信息，提高科普设施的知名度和影响力；与教育机构、科研单位、企业等建立合作关系，共同开展科普活动，充分利用各方资源和优势，提高科普设施的综合效益和社会影响力。

应建设包括多种形式的科技馆设施，通过不同的方式向公众提供科普服务，满足科学知识的传播和科技教育的需求。实体科技馆是最基础的科技馆形式，提供展览、实验、互动等体验，让公众近距离接触科学知识和科技发展成果；流动科技馆是通过改造车辆或者临时搭建的场所，提供与实体科技馆类似的展览和科普活动，更加便捷灵活，可以快速响应社会需求；科普大篷车是一种移动的科普展示车辆，可以携带科学实验装备和展品，到达各个地方进行科普展示和教育活动，尤其能够辐射到一些偏远地区；数字科技馆通过虚拟现实、互动展示等技术手段，将科学知识呈现在电子屏幕上，让公众可以通过网络等途径进行科普学习和参与互动，这些都是现有科技馆体系中重要的形式。要完善这一体系，可以加大对科技馆的投资力度，提供更多的经费用于设备更新、展品研发、人才培养等方面，保证科技馆设施的先进性和吸引力；让不同形式的科技馆之间加强合作与交流，共享资源和经验，举办联合展览和活动，提升科普效果和影响力；利用互联网和新媒体技术，建设数字科技馆和在线科普平台，通过虚拟展览、在线课程等形式，使科普内容更广泛地传播到社会各个角落；提供科普工作者和志愿者的培训和专业知识更新服务，提高他们的科学素养和科普能力，更好地为公众提供科学知识和服务。

中央政府可以制定相关政策，对中西部地区和地市级科普基础设施建设给予倾斜支持，包括财政补贴、税收优惠、项目立项等方面的支持，鼓励更多的资金投入到科普基础设施建设中；加大对中西部地区和地市级科普基础设施建设的投入力度，确保有足够的经费用于场馆建设、展品采购、设备更新等工作，提升科普设施的质量和水平；鼓励中西部地区和地市级之间建立科普资源共享机制，推动区域间科普设施建设和资源整合，提高科普设施的利用效率；针对中西部地区和地市级的实际情况，创新科普活动的推广形式，可以结合当地的特色文化、自然资源等，设计具有地方特色的科普展览和活动，吸引更多公众参与。

为了提升各级各类科普基地，尤其是中小科技场馆的科普业务水平，应该建立科普基地的科学管理体系，包括明确科普基地的定位和发展目标，完善组织结构和职责分工，提升管理效能；同时，加强对科普基地的监督和评估，激励科普工作的积极性和创造性。紧跟科技发展的最新动态，及时更新科普内容，引入新领域的科学知识，开展前沿科技的展示和解读。通过与科研机构和高校合作，获取最新科学成果，将其转化为生动易懂的科普展示和活动。注重创新科普活动的形式和方式，运用多媒体技术、互联网和虚拟现实技术等手段，丰富科普展示方式，提高互动性和趣味性。可以开展科普讲座、主题展览、科学实验等活动，吸引更多的观众参与。

完善科普基础设施标准和评估体系是科普工作顺利运行的关键。应组织相关专家、科普从业人员等进行研讨和讨论，制定科普基础设施标准，充分了解科普基地的特点和功能需求，并参考国内外先进的科普基础设施标准；根据科普基础设施标准，确定评估指标和评估方法，包括设施设备完善程度、科普内容质量、科普活动开展情况、观众满意度等。

在科普基地运行和服务过程中，定期进行监测评估工作。可以由专门的科普评估机构或相关部门负责监测评估工作，也可以委托第三方机构进行评估。通过实地考察、问卷调查、观众反馈等方式，收集相关数据和意见，注重听取观众、专家以及从业人员的建议。根据评估结果和改进建议，及时调整和完善科普基地的运行和服务。针对存在的问题，制订改进措施和计划，并落实到具体实施中。同时，持续关注科普基地的运行情况，进行后续的监测评估工作，以确保科普基地的持续改进和优质服务质量。

科普信息化服务体系的核心应囊括基本的内容信息、服务云、传播网络、应用端。相关建设者可建立科普内容库，收集丰富多样的科普资料和知识；对科普内容进行分类和标签化，方便用户按照兴趣和需求进行检索和浏览；搭建一个集中管理和提供科普服务的云平台，包括用户注册、登录、科普资源存储与分享、在线交流等功能，基于用户的兴趣和需求，推荐相关的科普内容、活动和资源，实现个性化的科普服务；通过对用户行为和偏好的数据分析，获取科普服务的反馈意见和改进建议，不断优化服务质量。通过社交媒体、科普网站、移动应用等多个平台，将科普内容传播给更广泛的受众；与科研机构、教育机构、媒体等建立合作关系，共同推广科普内容和服务，扩大影响力；鼓励用户参与科普内容的创作和分享，形成用户生成内容的生态系统，增加科普信息的多样性和可信度。

开发移动应用程序，提供便捷的科普内容获取和服务体验，支持在线学习、交流和互动，确保科普应用在不同操作系统和设备上的兼容性和稳定性，提供良好的用户体验。

（二）提升科普创作能力与产业化发展水平

科普作品是指介绍科学知识和科学技术的作品，其主要目的是向公众传播科学知识，提高公众的科学素养和科学意识。在加强科普教育工作中，科普作品可以通过通俗易懂的语言和图文并茂的方式，向公众介绍科学知识和科学技术，帮助公众更好地理解和掌握科学知识，提高科学素养。因此，科普作品应该兼顾严谨性和产业化性质，在确保科学工艺的前提下，形成完整的商业运作体系。

在商业化运作中，科普作品应始终具备科学性、严谨性和公益性。可与权威的科研机构、专家团队合作，确保科普作品的内容来源可靠、权威。这样可以提高作品的科学性和严谨性；建立科学、严谨的审核机制，确保科普作品内容的准确性和客观性。可以邀请相关领域的专家对作品进行评审，也可以引入同行评议机制；在推广过程中加强对学校、社区等公共教育资源的支持，扩大科普知识的覆盖面，促进科学素养的普及，避免夸大科普作品的效果和意义，避免产生误导和不实的效果。商业化运作的科普作品应该建立用户反馈机制，接受读者、观众的意见和建议，及时修正和改进作品内容，保证科普作品的质量。

综上所述，科普作品在商业化运作中要确保科学性、严谨性和公益性，需要依靠权威机构和专家支持，建立审核机制，加强公益宣传，避免夸大宣传，以及建立反馈机制等多种途径来保证作品的质量和价值。

科普作品的产业化发展是一项长期而复杂的过程，需要考虑多方面因素。首先，科普作品的产业化发展需要根据市场需求及时调整科普作品的内容和形式，使其更符合公众的需要，因此，科普机构要积极了解公众的需求，掌握市场动态，并及时推出新的科普产品。为了吸引更多的读者和观众，科普作品需要具备良好的可读性和可视性特点，运用图文并茂、生动形象的表达方式，提高科普作品的趣味性和互动性，从而更好地满足公众的需求。出版方需要整合各种资源，形成完整的产业链。科普作品产业化发展需要加强版权和知识产权保护。科普机构可以通过申请专利、商标等方式保护自身的知识产权，同时也需要遵守法律法规和市场规则，提高权益保障水平。

三、加强社会创新文化建设

中国特色国家创新体系建设依托于全社会创新意识的提升和创新文化的普及。没有全民科学素质的普遍提高，就难以建立起宏大的高素质创新大军，难以实现科技成果快速转化。

（一）全面提升公民科学文化素质

1. 加强面向青少年的科技教育

青少年是国家发展和社会建设的未来，面向青少年的科技教育是国家教育体系的重要组成部分；教育工作者要致力于提升学生的科学兴趣、创新观念和实践能力，将理论知识与实践相结合，让学生亲身参与科学实验和项目，培养他们解决问题的能力和创新思维；营造积极、愉快的学习氛围，鼓励学生主动提问、探索和实践，激发他们的科学兴趣和好奇心；注重培养学生的观察、思考、实验和解决问题的能力，引导他们形成科学的思维方式和方法论。

建立科学实验室、创客空间和科技馆等实践平台，提供各种科学器材和设备，让学生能够亲自操作和探索科研流程；组织学生参与科技竞赛、科学项目和研究课题，鼓励他们团队合作，培养解决问题的能力和创新思维；将科学知识与其他学科内容融合，让学生了解科学在不同领域的应用，培养他们的综合素质和创新思维；组织学生进行科学展示、报告和交流活动，让他们学会用科学的语言和方法向他人表达自己的想法和研究成果；教育学生遵守科学研究的道德规范和伦理原则，培养他们的科学责任感和社会意识。

中小学可与高校、科研院所、科技型企业合作，开放实验室等教学、科研设施，让青少年有机会接触先进的科学技术和设备，开拓视野，激发创新思维；组织科技夏令营和科技研究班，让青少年在放松愉快的氛围中学习科技知识，培养创新意识和实践能力；为青少年提供科技导师，指导他们的科技项目，帮助他们在科技领域发展，并为他们提供更多的发展机会；成立科技教育基金会，吸引社会力量参与科技教育，提供资金、场地、设备等支持，推动青少年科技教育事业的发展。社区可建立科技教育中心，提供各种科技教育资源，例如科技馆、创客空间、科技竞赛等，吸引青少年自愿参与。

通过各种媒体宣传科技教育的重要性，吸引更多的青少年参与科技活动；同时，加强互联网宣传，及时发布科技教育信息，方便青少年了解最新的科技教育活动。

要巩固农村义务教育普及成果，向农村中小学提供更多科技教育资源，包括科学实验器材、科技书籍、多媒体教学设备等，以提高学生的科技教育质量；组织针对农村教师的科技教育培训，提高他们的科技教育水平和教学能力，同时给予相应的政策和物质支持，提高当地科技教育质量；在农村地区建立科技教育基地，为学生提供科技教育和实践的场所，同时吸引科技专家和志愿者参与科技教育活动；对农村中小学开展的优秀科技教育项目给予资金和政策支持，鼓励他们开展更多创新实践活动。

要重视中等职业学校科技教育，将最新的科技知识和实践经验纳入教学内容，更新教材，使之更加贴近科技前沿和实际应用，同时引导学生关注科技创新和创业发展；提高中等职业学校的教师科技素养和创新意识，引导他们将科技教育和创新创业实践融入教学中；与科技型企业合作，为学生提供参与科技创新和创业实践的机会，在实际项目中学习和成长。

应支持在校大学生开展创新性实验、创业训练和创业实践项目；开设针对创新创业的课程，包括创业管理、科技创新、商业模式设计等，帮助学生系统学习相关知识和技能；为有创业经验和专业知识的导师提供支持，鼓励他们指导学生进行创新实验和创业项目，提供专业指导和资源支持；设立创业资金支持机制，为有创业想法和项目的学生提供启动资金或创业贷款支持，帮助他们实现创业梦想；鼓励学校的科研机构和实验室与学生开展合作，支持学生参与科研项目和创新实验，提高和培养他们的科研能力和创新意识。

2. 提升劳动者科学文化素质

劳动者科学文化素质的提升不仅有利于社会生产力水平的提高，而且有利于整个社会精神文明建设的推进。要推进农业科技教育工作，大力培养新型职业农民和农村实用技术人才，可以设立农业科技教育培训机构，包括农业技术推广站、农民培训学校等，提供系统的科技知识培训和实践操作，帮助农村劳动者学习新农业技术和提高管理能力；根据当地农业发展需要，优化培训内容，注重实用技能和现代农业管理知识的传授，以提高农村劳动者的综合素质；通过多种途径拓宽培训渠道，包括线上培训、远程教育、农业科技示范基地等方式，帮助更多的农村劳动者接受培训。

加强科学知识的普及和教育，向农民宣传科学原理、科学方法和科学发展观，帮助他们理解科学的重要性和科学与迷信的区别；鼓励农民在生产和生活中采用科学种植、科学养殖、科学用药等方法，通过实践体验科学的效益和优势；为农民提供科学的决策指导，如科学选种、科学管理、科学投资等，帮助他们做出科学合理的决策，避免盲目迷信和浪费资源；在农村地区选择一些科学先进的示范点，展示科学生产方式的效果和好处，邀请农民参观学习，引导他们改变传统观念，接受科学理念。

组织专家学者、科技人员等开展农村科普培训讲座，邀请他们就绿色发展等方面的科技知识进行讲解，提供农民所需的实用信息；制作易于理解和接受的科普宣传材料，如手册、海报、宣传册等，以图文并茂的形式向农民传达科技知识和观念，提高他们的科学素养；组建专业的农村科普团队（由科技人员、农技推广人员等组成），深入农村地区开展科普活动，与农民面对面交流，解答疑问，传播科技知识。

在乡村职业培训和技能人才培养体系中，企业应该参与课程设置、实训基地建设等活动，与职业院校和培训机构进行紧密对接，确保培训内容贴近产业需求；加强职业院校的建设和改革，提高教学水平和实训条件，为企业输送更多适应市场需求的技能人才；根据农村进城务工人员的需求和实际情况，制订详细的培训计划，确保培训的针对性和实效性；通过各种渠道，广泛宣传培训教育的重要性和好处，鼓励农村进城务工人员积极参与培训，提高他们的技能水平和综合素质；针对参加培训的农村进城务工人员，制定相应的奖励政策，如补贴、证书认定、职称评定等，激励他们参与培训并取得良好成绩。

3. 提高领导干部科学决策和管理水平

领导部门和领导干部的科技教育意识是推动科技教育和普及工作的基础，其组织领导能力是保障科技教育和普及工作顺利进行的关键，并且直接关系到科技教育工作所能获得的资源投入，领导部门和领导干部在科技教育和普及工作中扮演着示范和引领的角色。因此，各级领导部门和领导干部的科技教育意识和组织领导能力直接决定社会科技教育和普及工作的水平。所以，务必高度重视科技教育在领导干部和公务员培训中的比重。应开设科技教育相关的专业课程，涵盖前沿科技领域的基础知识和应用技能。这些课程可以结合实际案例和项目，帮助干部和公务员了解新型科技的发展趋势和应用场景；除了传统的面授培训，还可以引入在线学习平台、虚拟实境技术等新兴技术，提供多样化的学习形式和体验；建立跨部门的科技教育合作机制，促进不同领域、不同层级之间的交流与合作。可以通过组织科技交流会、参观考察等方式，促进干部和公务员之间的经验分享和学习互动。

为了满足领导干部和公务员的学习需求，可以利用网络化、智能化和数字化等教育培训方式，建设或借助已有的在线学习平台，提供丰富的科普教育内容，包括视频课程、在线讲座、短视频、电子书籍等多种形式，让领导干部和公务员随时随地以自己的节奏进行学习；引入人工智能技术，提供个性化的学习推荐和辅导，基于领导干部和公务员的学习兴趣、学习进度和知识水平，精准地推送适合其需求的科普信息和学习资源。

要引导领导干部和公务员不断提升科学管理能力和科学决策水平，建立科学化的政策制定和决策机制，倡导数据驱动的决策思维，加强统计分析、风险评估、成本效益分析等方面的培训，帮助他们提高科学决策能力；加强法治意识和风险防范意识的培训，促进领导干部和公务员树立科学治理理念，注重合法合规、公平公正、透明高效的治理方式，提高科学治理水平；建立绩效考核与科学管理能力提升相结合的机制，将科技意识、科学决策能力、科学治理水平等因素纳入考核指标，激励领导干部和公务员不断提升自身科学管理能力和决策水平。

明确科学素质评估指标和评价标准，包括科技意识、信息素养、创新能力、思维方式等，为了适应不同岗位的需求和特点，应该针对不同岗位制定不同的标准；建立科学素质监测机制：制定科学素质监测方案和流程，建立相关数据采集和分析体系，定期对领导干部和公务员的科学素质进行监测和评估，为领导干部考核和公务员录用提供科学依据；将科学素质纳入领导干部考核和公务员录用的考核体系中，通过考试、面试、论文等形式，对科学素质进行全面、客观、公正的评估，使科学素质成为领导干部和公务员选拔的重要标准。

（二）营造激励创新的社会文化氛围

1. 大力弘扬科学精神

科学精神和科研规范是推进中国特色国家创新体系建设的基本价值准则。因此，一方面，要把弘扬科学精神作为社会主义先进文化建设的重要内容，大力弘扬求真务实、勇于创新、追求卓越、团结协作、无私奉献的科学精神，加强科学教育，让更多的人了解科学的基本知识和方法，培养科学思维和探究精神；建立激励机制，对具有突出贡献的科学家给予应有的荣誉和待遇，鼓励他们无私奉献；

利用各种宣传渠道，广泛宣传科学家的先进事迹和精神，让社会各界了解和认同科学精神的价值；加强对科技工作者的社会责任教育，让他们认识到自己的科技成果对社会、对人民的意义和影响，引导他们积极主动承担社会责任；推动科技成果向实际生产力转化，让科技工作者的成果更好地服务于人民群众，促进经济发展和社会进步；加强科技知识普及和科普宣传，让更多人了解科技，参与科技活动，让科技成果更加普及，惠及更多人。另一方面，要坚持制度规范和道德自律并举原则，建设集教育、自律、监督、惩治于一身的科研诚信体系，建立科研规范和制度，明确科研人员的权利和义务，规范科研行为，保障诚信科研的进行，包括严禁数据伪造、抄袭等不端行为，并对违反规定的人员进行相应的处罚；建立科研自律机制，通过加强科研团队内部的自我管理，强化交流合作和互相监督，促进科研人员之间的互相约束和自律；建立科研惩治机制，对科研不端行为严肃处理，包括撤销项目资助、撤销学术职务、追究法律责任等，加强对违规行为的强有力打击，从而起到威慑作用。建立科研伦理规范，明确科研活动中的道德底线和规范行为，对科研人员进行科研伦理教育，培养他们正确的科研伦理观念和行为规范；在科研人员的职业发展过程中，将科研伦理教育作为必备的一环，在学术会议、学术期刊编辑、科研项目管理等方面推动科研伦理教育全覆盖，使科研人员时刻关注并遵守科研伦理规范；通过案例分析和讨论，引导科研人员深入思考科研伦理问题，增强他们解决伦理问题的能力和意识，提高对伦理问题的警惕性和风险意识；建立专门的科研伦理委员会或机构，负责制定和推广科研伦理规范，并对违反伦理规范的行为进行调查和处理，加强对科研伦理的监督和管理。

2. 增进科技界与公众的互动

科技工作者在营造社会创新文化的过程中发挥着巨大的引导作用。所以，科技界也要与公众保持积极的沟通交流，树立令大众信服的形象。科技工作者可以参与科学展览、科普讲座、社区活动等，向公众普及科学知识，解答他们的疑问，增强公众对科技的理解和信任，用简明扼要、通俗易懂的语言，向公众传达科技知识，注重将科技的价值和影响力以生动有趣的方式传递给公众；也可以利用社交媒体和网络平台，发布科技相关的内容，分享自己的科研成果和经验，与公众进行互动交流，回答他们的问题，消除公众对科技领域的疑虑和误解。科技工作者应该积极主动地向公众公开自己的研究成果和数据，遵守学术规范和道德准则。对于科研中的争议和质疑，应该坦诚相待，提供清晰的解释，增加公众对科技界的信任。科技工作者可以积极参与公共事务，关注社会问题和公众关切的议题，为社会发展提供科学建议和解决方案，通过参与社会公益活动、政策咨询等方式，展示科技界的社会责任感和担当；与媒体、教育机构、非营利组织等建立合作关系，共同进行科普推广活动，扩大科技知识的传播范围，提升科技界在公众中的形象和认知度。

在科技规划、技术预测、科技评估以及科技计划任务部署等活动中，政府部门和科研机构应该加强信息公开和透明度，向公众提供相关的科技信息和数据。公众有权了解科技发展的方向、目标和进展，这有助于建立公众对科技管理活动的信任和理解。应鼓励社会组织、专家学者等第三方机构参与科技管理活动，代表公众利益，提供专业意见和建议，协助政府部门和科研机构完善科技管理政策和计划。探索建立政府、企业、科研机构和公众共同参与的科技管理合作模式，促进多方共商、共建、共享。例如，可以组织公众参与的科技创新竞赛、项目评审等活动，让公众有机会深入了解和参与科技管理活动。

3. 培育企业家精神与创新文化

社会各个群体的创新意识构筑形成了整个社会的创新文化。要大力培育中国特色创新文化，组织创业者和企业家之间的经验分享会、创新论坛等活动，让成功的企业家分享他们的创业经历、挫折与成长，鼓励年轻的创业者勇敢迈出第一步，并接受“失败是成功不可或缺的一部分”。加强创新创业教育，从学校阶段就开始培养学生的创新意识和创业精神，鼓励他们敢于尝试、勇于创新，培养他们面对失败时的勇气与坚韧。要营造宽容失败的社会文化氛围，让人们理解失败是成功路上的一部分，而不是耻辱，宣扬“失败乃成功之母”的理念，让人们能够从失败中汲取教训，不断成长。

要引导企业家形成以创新为先的科学文化氛围，政府应该为企业家提供良好的创新环境和必要的资源支持，如创业孵化器、研发基地等，帮助他们实现创新想法的落地和发展；促进企业家之间、企业家与科研机构之间的交流与合作，搭建创新创业的合作平台，分享资源、经验和技术，推动创新能力的提升；加大创新创业教育力度，提供系统化的培训课程，帮助企业家提升创新意识、创新方法和创新管理能力，培养创新的思维方式和团队合作精神；加强知识产权保护力度，为企业家提供良好的创新保障环境，增强他们在创新活动中的信心和动力。

“创客文化”是一种鼓励创新、鼓励创业、强调开放分享和合作的文化氛围，强调个体或团队通过自己的努力和智慧，利用现有资源和技术，创造出具有商业、社会或艺术价值的产品、服务或理念。创客文化注重实践和动手能力，倡导“做中学”“学中做”，鼓励人们通过实际的创新实践来获取知识和经验。有关部门可以通过创客文化，吸引更多人才从事创新活动和创业行为。可以组织创客竞赛、创客展览以及创客交流活动，为创客提供展示和交流的平台，激发更多人参与创新创业。通过媒体宣传、社会表彰等方式，树立创客的典型榜样，弘扬创客精神，让更多人受到鼓舞，愿意积极参与创新创业活动。

创新创业组织应该构建有效的激励机制，为不同条件的创新创业者提供平等的机会，建立多元化的奖励和认可制度，确保创新创业资源的公平分配；针对不同知识层次和文化背景的创新创业者，提供定制化的辅导、培训和咨询服务，帮助他们克服自身的局限性；建立开放的合作机制，鼓励不同知识层次和文化背景的人群之间进行合作与交流，共同探讨问题、分享资源、促进创新；加强知识产权保护力度，为所有创新创业者提供公平的竞争环境，保障他们的创新成果得到应有的回报；倡导包容性创新文化，以实现创新价值的最大化。

为了加强科技创新宣传力度，形成尊重劳动、尊重知识、尊重人才、尊重创造的良好风尚，可以通过媒体宣传等方式，深入挖掘和宣传科技创新领域的优秀代表和典型事迹，让公众更好地认识和了解科技创新的价值和意义，进一步形成尊重劳动、知识、人才和创造的良好风尚；通过举办科技创新展览、科技论坛等活动，推广先进科技成果和科技创新思想，让更多人了解和认识科技创新的价值和意义，促进科技创新的传播和应用；建立公正、公开、透明的科技创新评价体系，使群众更好地认识科技创新成果的价值和作用，进一步增强对劳动、知识、人才、创造的尊重意识；积极倡导创新文化，推动全社会形成尊重创新、鼓励创新的良好氛围，让广大群众更好地理解和支持科技创新，为加强科技创新宣传力度打下坚实基础。

4. 形成支持创新的法治环境

合理有序的法治环境是鼓励创新、支持创新、维护创新的重要保障。要抓紧修改完善相关法律法规，尽快完成促进科技成果转化法的修订，加快标准化法、反垄断法、公司法以及知识产权保护等方面的法律法规修订工作，研究制定商业秘密保护法、职务发明条例、天使投资条例等；要加强知识产权保护工作，依法惩治侵犯知识产权和科技成果的违法犯罪行为，营造有利于创新活动实施和创新成果转化的法治环境，努力建立和完善中国特色自主创新法治保障体系。

参考文献

[1] 李艳军．科技创新与环京津区域产业结构优化 [M]．北京：中国经济出版社，2013．

[2] 王玲．科技创新与管理 [M]．北京：北京科学技术出版社，2013．

[3] 岳顺之．科技创新推动资源型城市经济新转型研究 [M]．北京：中国经济出版社，2012．

[4] 牛志勇，王丹，江若尘．科技创新与创业 [M]．上海：上海财经大学出版社，2019．

[5] 吴江．科技创新与产业转型研究 [M]．北京：经济管理出版社，2014．

[6] 栾玉广．科技创新的艺术 [M]．北京：科学出版社，2000．

[7] 山东省科学技术协会．科技创新时代 [M]．济南：山东科学技术出版社，2018．

[8] 张平，于珊珊，姜鹏．科技创新引领服务外包产业 [M]．西安：西安电子科技大学出版社，2015．

[9] 王曦，舒元．科技创新与发展循环经济 [M]．北京：科学出版社，2010．

[10] 王婉．科技创新与科技成果转化 [M]．北京：中国经济出版社，2018．

[11] 贾洪文，张伍涛，盘业哲．科技创新、产业结构升级与经济高质量发展 [J]．上海经济研究，2021（05）：50-60．

[12] 陈豆豆，丁志翔．用自然辩证法看待科技创新 [J]．财富时代，2021（02）：29-30+33．

[13] 余江，管开轩，李哲，等．聚焦关键核心技术攻关强化国家科技创新体系化能力 [J]．中国科学院院刊，2020，35（08）：1018-1023．

[14] 王慧艳，李新运，徐银良．科技创新驱动我国经济高质量发展绩效评价及影响因素研究 [J]．经济学家，2019（11）：64-74.

[15] 贺德方，唐玉立，周华东．科技创新政策体系构建及实践 [J]．科学学研究，2019，37（01）：3-10+44.

[16] 迟国泰，赵志冲．以企业为主体的科技创新评价指标体系的构建 [J]．科研管理，2018，39（S1）：1-10.

[17] 张来武．科技创新驱动经济发展方式转变 [J]．中国软科学，2011（12）：1-5.

[18] 洪银兴．科技创新与创新型经济 [J]．管理世界，2011（07）：1-8.

[19] 王心如，马骥．美国支持中小企业科技创新的政策体系及其借鉴 [J]．商业研究，2009（05）：190-194.

[20] 周叔莲，王伟光．科技创新与产业结构优化升级 [J]．管理世界，2001（05）：70-78+89-216.

[21] 刘杨．高校科技创新成果对区域创新的有效性研究 [D]．太原：山西财经大学，2022.

[22] 陈建勇．中国科技金融对科技创新的影响 [D]．长春：吉林大学，2022.

[23] 崔海宁．科技金融、科技创新与经济发展 [D]．蚌埠：安徽财经大学，2021.

[24] 梁宵．政用产学研科技创新体系中的政府内部机制建设 [D]．呼和浩特：内蒙古大学，2019.

[25] 廖芝．战略性新兴产业基地中科技创新体系建设研究 [D]．长沙：长沙理工大学，2018.

[26] 张贵红．我国科技创新体系中科技资源服务平台建设研究 [D]．上海：复旦大学，2015.

[27] 李琳．科技投入、科技创新与区域经济作用机理及实证研究 [D]．长春：吉林大学，2013.

[28] 刘岩．美国科技创新体系对我国创新型国家建设的启示 [D]．锦州：渤海大学，2013.

[29] 陈运平. 高校科技创新体系、能力及其对经济增长的贡献研究 [D]. 南昌：南昌大学，2008.

[30] 谢国辉. 民营科技企业技术创新体系建设研究 [D]. 福州：福建师范大学，2004.